T0098919

Bernard Andrieu, philosophe, est professeur à l'université Paris-Descartes et directeur de l'EA 3625 TEC "Techniques et Enjeux du corps". *GDRI 836 (CNRS) Body Ecology by Physical, Adapted & Sport Activity*

LA LANGUE DU CORPS VIVANT

DANS LA MÊME COLLECTION

ANDRIEU B., *Sentir son corps vivant. Emersiologie 1*, 2016.

BARBARAS R., *La perception. Essai sur le sensible*, 2009.

BENOIST J., *Éléments de philosophie réaliste*, 2011.

BENOIST J., *L'adresse du réel*, 2017.

BINOCHE B., *Opinion privée, religion publique*, 2011.

BOURGEOIS B., *Sept questions politiques du jour*, 2017.

CASTILLO M., *Faire renaissance. Une éthique publique pour demain*, 2016.

CHAUVIER S., *Éthique sans visage*, 2013.

FISCHBACH F., *Philosophies de Marx*, 2015.

GODDARD J.-Ch., *Violence et subjectivité. Derrida, Deleuze, Maldiney*, 2008.

HOTTOIS G., *Le signe et la technique. La philosophie à l'épreuve de la technique*, 2018.

KERVÉGAN J.-Fr., *La raison des normes. Essai sur Kant*, 2015.

LAUGIER S., *Wittgenstein. Les sens de l'usage*, 2009.

MEYER M., *Qu'est-ce que la philosophie ?*, 2018.

POUIVET R., *Après Wittgenstein, saint Thomas ?*, 2014.

Bernard ANDRIEU

LA LANGUE DU CORPS VIVANT

ÉMERSIOLOGIE 2

Ouvrage publié avec le soutien du GDRI 836
Body Ecology by Physical, Adapted & Sport Activity (CNRS)

PARIS
LIBRAIRIE PHILOSOPHIQUE J. VRIN
6 place de la Sorbonne, V[e]
2018

Bernard Andrieu (dir.), *Herbert Feigl. De la physique au mental*
© Paris, Vrin, 2006, pour le chapitre III.

© *Librairie Philosophique J. VRIN*, 2018
Imprimé en France
ISSN 1968-1178
ISBN 978-2-7116-2821-6
www.vrin.fr

INTRODUCTION

Car après la tête, le corps s'était
noyé dedans dans le corps
de la langue[1].

Dans le premier tome de l'Émersiologie, *Sentir son corps vivant*, nous avons pu établir combien la conscience était en retard sur l'activité de son corps vivant : d'une part en raison du seuil de conscience d'au moins 450 ms après le déclenchement du signal nerveux et d'autre part par l'impossibilité de redescendre dans son corps vivant à ce qui serait le degré zéro de la vérité corporelle. Cette discontinuité entre l'activité du corps vivant et la logique discursive de la conscience du corps vécu pose le problème de l'expression du sens du corps vivant dans le langage du corps vécu. Avec la sensation, « le corps qui affronte la langue n'est pas ce corps-là. Il est plutôt dans une altercation violente avec ce que la langue normalisée lui impose »[2]. Le hiatus ontologique et épistémologique entre ce qui se produit dans mon corps et l'expression linguistique que je peux en donner est au centre de l'analyse émersiologique. La compréhension du vivant

---

1. J. Bosc, *Le corps de la langue*, Paris, Éditions Quidam, 2016, p. 45.
2. C. Prigent, *Compile*, Paris, P.O.L., 2011, p. 20.

de mon corps est indirecte et déformée par le filtre de la perception et du langage[1].

Car l'écart est important entre ce que produit le vivant dans le corps en dessous de notre seuil de conscience et ce que nous en percevons par notre conscience. La sensation corporelle qui traverse notre conscience, comme dans la douleur, surprend les normes sociales, les catégories constituées et les classifications. Sans le langage, la conscience corporelle ne pourrait objectiver son vivant vécu ; si bien que le corps vivant, même s'il ne peut être étudié qu'après sa performance à partir du performé, est la seule voie possible pour l'étudier dans les matériaux (sensations, activations, émotions, imaginations) qu'il produit.

L'obstacle d'une connaissance de notre corps vivant est principalement la conscience du corps vécu qui met un voile perceptif sur les informations sensorielles et émotionnelles produites dans notre corps vivant. Ce que nous prenons pour du corps vivant est une perception à travers le corps vécu. Comment, dès lors, distinguer ce qui provient directement du corps vivant de sa perception par le corps vécu ? L'éveil[2] est l'émersion de ce qui a été activé dans le corps vivant et qui accède à la conscience involontairement ou par un travail d'attention et de vigilance à ce qui survient. Le langage verbal et le langage corporel trahissent cette faille de l'expression mais dans des degrés différents.

---

1. B. Andrieu, « Le langage entre chair et corps », dans F. Hieidseck (dir.), *Merleau Ponty. Le philosophe et son langage*, Paris, Vrin, 1993, p. 21-60.

2. B. Andrieu, « Vers une clinique de l'éveil : une émersiologie de la conscience ? », *L'Évolution psychiatrique*, 80 (1), 2015, p. 5-14.

Une des principales difficultés de notre émersiologie [1] est de décrire comment le corps produit des significations psychiques même tacites, implicites et incorporées, sans réduire le contenu psychique à une donnée neurobiologique. L'unité somatopsychique, et non l'unification fusionnelle des fonctions, doit décrire comment le corps, par son interaction, produit plusieurs niveaux d'activité sémantique non intentionnelle, en deçà de l'activité proprement consciente.

Dans *Les corps du chercheur* [2], nous avons lié l'écriture sur le corps avec l'écriture de mon corps dans une formation idiosyncrasique plutôt que dans un aveu testamentaire. Mais cette influence du corps vivant de l'écrivain dans la conscience qu'il peut avoir de la description de son corps vécu ne parvient pas à réduire l'écart entre les deux. Si j'écris avec moi, est-ce mon corps vivant qui s'écrit en moi ? Ou est-ce seulement ce que la conscience de mon corps vécu recueille de sa rémanence ? Le corps vivant me précède, avant moi il y a le corps vivant dans lequel je suis pensant. Un des biais méthodologiques est ici de vouloir décrire le corps vivant à partir d'une phénoménologie du corps vécu. En partant de la conscience, le langage trouve dans le *verbatim* et le texte écrit des modes d'expression plus ou moins directs de ce que ressent le corps vécu de son corps vivant. Le mot, même s'il semble choisi au mieux, y compris dans la métaphore, est l'incarnation de la sensation, le

1. B. Andrieu, N. Burel, « La communication directe du corps vivant. Une émersiologie en première personne », *Hermès*, n° 68, vol. 2014(1).

2. B. Andrieu (dir.), *Les corps du chercheur. Une méthodologie immersive*, Presses Universitaires de Nancy, « Epistémologie du corps », Paris, L'Harmattan, 2011.

sentiment ou l'image qui émerse à la conscience depuis la profondeur du corps vivant. L'écrivain et l'artiste, par exemple, ressentent la puissance et l'intensité de ce qui advient dans leurs corps, (colère, orgasme, hallucination, douleur, imagination…) et tentent de le traduire, dans un mode d'expression plus ou moins direct, dans leur œuvre. Le récit idiosyncrasique produit dans la littérature la survenue de cette chair subjective dont l'écrivain sera le traducteur conscient. Thierry Pillon[1] démontre, après Michelle Perrot et « Les vies ouvrières », combien les milieux de l'usine s'incrustent dans les corps en raison de la chaleur, du rythme, des cadences qui mènent à l'épuisement, comme en témoignent, entre autres, Georges Navel dans *Travaux* en 1945, Simone Veil dans la *Condition ouvrière* ou Sylviane Rosière dans *Ouvrière d'Usine*.

Ce défaut de résilience du corps vivant par le corps vécu n'invalide pas la possibilité de jeter un pont par-dessus le traumatisme comme le décrivent les témoignages autobiographiques des écrivains. Ainsi vivre dans le corps d'une femme[2] produit une écriture hors du spéculum justement dénoncé par Luce Irigaray pour raconter ce qui émerge de son corps[3]. Marie Cardinal constate dans son journal, le 28 février 1979, cet écart entre le corps vivant et le corps écrit par la conscience : « Mon moteur tourne à vide. Il n'y a que des miettes, des bribes, quelques gouttes pour le nourrir.

---

1. T. Pillon, *Le corps à l'ouvrage*, Paris, Stock, 2012, p. 10.
2. S. Tubert, « Desordones del cuerpo. El retorno de lo excluido », *in* F. Valencia, M. Lopez, *Contar con el cuerpo. Construcciones de la identitad feminina*, Madrid, Editorial Fundamentos, 2011, p. 15-42.
3. I. Luciani, « Expériences du corps, récits de soi, constructions du savoir », *Rives méditerranéennes*, 2013/1, n°44.

Reste le sac de mon corps »[1]. De même, Jorge Semprun décrit dans son dernier texte comment il était dans l'incapacité d'anticiper l'expérience de la torture tant du point de vue de la conscience que du point de vue de son corps : « j'avais eu l'impression, rétrospectivement, de n'avoir jamais eu de corps […] j'ai tellement ressenti mon corps qu'il est devenu, en quelque sorte, une entité séparée, peut-être autonome – dangereusement autonome – comme un être autre… »[2].

Est-ce le corps qui s'écrit ou la conscience de ce corps ? Ce que la conscience comprend de son corps correspond-il à ce que le corps autorise (au sens d'auteur) des significations à travers les symptômes ? Le corps qui s'écrit suppose que le corps produise le texte en nous, la main consciente incarnant ce qui émerse de notre chair. Toute la difficulté de la réincarnation du corps dans le récit est de maintenir un modèle dualiste dans lequel le corps fournirait la matière phénoménologique dont la conscience serait le transcripteur. Attendre de l'écriture une connaissance de son corps, c'est maintenir l'incarnation dans la logique phénoménologique de la manifestation et cette expressivité dans l'interprétation psychologique.

L'écriture du corps vécu présente l'avantage de contenir le vivant dans une série de métaphores et de figures qui en déplacent l'intensité. Le récit du corps vécu se détourne de sa source, le corps vivant, pour mieux l'exprimer dans ce détour même. Le réalisme, même cru, reste une parade et au mieux une image forte qui nous impressionne en faisant passer la lecture dans

1. M. Cardinal, *L'inédit*, Paris, Grasset, 2012, p. 74.
2. J. Semprun, *Exercice de survie*, Paris, Gallimard, 2012, p. 56.

la réalité évoquée. Il convient de distinguer le corps sans écriture, au sens des sociétés à tradition orale, qu'est le corps vivant mais qui n'est pas sans activité ni traces, des corps à écriture, celle du récit conscient du corps vécu. Brigitte Giraud précise cette distinction dans son livre *Avoir un corps*, « de pouvoir mettre en ordre par l'écriture des sensations qui n'étaient transmises jusqu'alors que par le corps, et de pouvoir faire cette traversée. Seule l'écriture autorise cela »[1]. Sous la dictée de son corps, l'écrivain paraît atteindre par l'intuition les contenus tacites : se rendre explicite par une représentation, une figure de style, une image. Le corps à écriture est lisible car il se transcrit dans des codes représentationnels et des conventions esthétiques. Ce corps écrit, plutôt que s'écrivant, est contenu par la maîtrise esthétique dans lateneur du récit.

Ne parvenant pas à descendre dans le corps vivant c'est-à-dire dans sa temporalité et son dynamisme, l'esthétique transcendantale de la conscience du corps vécu paraît être une condition *a priori* de l'écriture du corps. Le corps serait déjà une représentation alors qu'il est vivant en nous, sans que notre conscience ne puisse l'apercevoir comme tel sinon à travers des fulgurances, des actes manqués ou des images dans ses modes *in vivo*. S'écrire depuis l'intérieur de sa chair implique donc une difficulté méthodologique et ontologique pour établir ce qui serait une transparence et une continuité entre le corps vivant et la conscience que le sujet en a dans son corps vécu. *Les cahiers d'Ivry*[2] d'Antonin

---

1. Entretien de Brigitte Giraud avec Christine Rousseau, « Rechercher l'équilibre », *Le Monde des livres*, 25 octobre 2013, p. 2.

2. A. Artaud, *Les cahiers d'Ivry*, de février 1947 à mars 1948, tome 1, Paris, Gallimard, 2011.

Artaud prouvent à eux seuls la difficulté d'établir une correspondance entre le corps vivant et le corps vécu : « ce que j'enlève en frappant est le principal / et non pas une zone des corps parmi beaucoup / et je n'aurai pu penser à toutes / mais le corps lui-même, porte, porte, porte, porte, / pourquoi / agencement   machine / d'où cela vient-il du corps ! » [1]. L'écriture de son corps n'est pas seulement l'écriture de soi car le corps vivant n'est jamais entièrement contenu dans l'écriture du corps [2].

Dans ce volume nous voudrions éviter le vitalisme en attribuant au corps vivant une intentionnalité sémantique même s'il n'est pas interdit d'éprouver dans son corps vécu la production sémiotique des « physiogrammes » [3] entre génotexte et phénotexte, selon la distinction de Roland Barthes dans *Le degré zéro de l'écriture*. Comment faire avec « ce trou noir » [4] d'une matière de l'absence qui ne trouve pas de mots ou de symptômes pour se dire ? Le corps est-il, comme l'affirmait Pier Paolo Pasolini, un obstacle ? L'origine corporelle de la sensation n'est pas pour autant insaisissable. Elle est ressentie par sa rémanence sentimentale car le sentiment ne connaît sa source qu'à travers et depuis sa reconstruction autobiographique. La sensation envahit le corps vivant et nous n'en avons connaissance que dans la rémanence de la conscience du corps vécu. La sensation ressentie dans le corps vivant ne correspondra pas à ce que le texte pourra en dire.

1. *Ibid.*, p. 87-88.

2. B. Andrieu (dir.), « Écrire le corps », *Corps*, n° 1, Paris, Éditions Dilecta, 2006.

3. I. Meuret, *L'anorexie créatrice*, Paris, Klincksieck, 2006, p. 26.

4. P. Chamoiseau, *La matière de l'absence*, Paris, Seuil, 2016, p. 16.

Comment le vivant émerse-t-il dans le langage du corps? Y a-t-il une langue du corps vivant dont la parole ne serait que la traduction consciente? Faut-il céder à la tentation neurophilosophique de réduire le langage conscient à une langue neurobiologique? Une lecture cristallisée des modèles tendrait à servir une épistémologie glacée. La dépsychologisation des neurosciences entreprise par la neurophilosophie n'échappe pas aux « deux manières philosophiques de dépsychologiser une notion, deux perspectives où l'on voit le philosophisme réduire le psychologisme »[1] : le réalisme des états neurobiologiques se trouve réifié au rang d'essence de l'homme, le formalisme des réseaux neuronaux décrivant les résultats de l'activité du cerveau.

Nous dressons ici dans une première partie la critique de la réduction du vécu au vivant tandis que dans une seconde partie nous décrivons la possibilité d'un émersens par des expériences corporelles comme la méditation, les arts immersifs et le langage des gestes.

1. G. Bachelard, *La rationalisme appliqué*, Paris, P.U.F., 1994, p. 27.

PREMIÈRE PARTIE

LA GRAMMAIRE DU CERVEAU

Parler le corps suppose de recueillir ce qui serait ses signes naturels pour établir, comme nous en dénonçons ici le mythe, à la suite de nos études sur Wittgenstein, Popper, Ruyer et Feigl à travers ce qui serait la grammaire du cerveau, la langue physicaliste et le neurolais. Comme nous le montrons avec la cristallisation neurophilosophique, la tentation de naturaliser le corps par ces données neurobiologiques produit ce qui serait comme une localisation des signes corporels dans l'activation des zones cérébrales.

Mais cette réduction éliminativiste tente aussi de supprimer le vocabulaire populaire entre les données physiologiques et les vécus psychologiques. L'identification surface/profondeur, corps vécu/corps vivant ou gestes/cerveau repose pourtant sur une interprétation plutôt que sur une réduction. Ainsi la lecture des plis des lèvres de la femme enceinte chez les Tin dama de Nouvelle Guinée définit l'état du bébé en fonction de « leur couleur, leur géographie, leur humidité »[1]. Par ses signes, le corps pourrait indiquer une langue naturelle que la phrénologie, puis la cranioscopie et enfin la physiognomonie auraient établie, mais à l'intérieur d'un système symbolique.

La grammaire du cerveau est moins une police épistémologique pour dégager le bon grain de l'ivraie

---

1. F. Lupu, « Données sur l'identification d'une femme Tin dama », dans D. Champault, J. Jamin (dir.), *Côté femmes. Approches ethnologiques*, Paris, L'Harmattan, 1986, p. 60.

éliminativiste qu'une méthode émersiologique pour faire surgir du sens dans cet écart entre le corps vivant et ses réductions par la conscience du corps vécu. Ce sens du vivant, que Buytendijk appelle la significativité et l'intelligibilité des mouvements du vivant[1], émerse sans qu'aucune réduction physiologique n'en localise l'origine dans le cerveau ou dans l'organisme. Avec Wittgenstein, Popper, Ruyer et Feigl la dynamique émersive du cerveau dans son corps vivant reconnait à la conscience du corps vécu une activité propre : cette différence de niveaux d'organisation des émersions du vivant devient ainsi une nouvelle langue.

---

1. F. Buytendijk, H. Plessner, « L'interprétation de l'expression mimique. Contribution à la théorie de la conscience de l'autre Je », dans F. Burgat, C. Sommer (dir.), *Le phénomène du vivant. Buytendijk et l'anthropologie philosophique*, Genève, MétisPress, 2016, p. 118.

CHAPITRE PREMIER

WITTGENSTEIN ET LA GRAMMAIRE DU CERVEAU [1]

Ce que je cherche maintenant
est la différence grammaticale.
Wittgenstein

La tentation de réduire cette production de sens par le corps lui-même à son traitement par le cerveau proposerait des solutions radicales contre l'émersiologie. En 1986, Patricia S. Churchland fait paraître le livre *Neurophilosophy, Toward a unified science of the Mind Brain*. Pour légitimer ce néologisme de neurophilosophie, P. S. Churchland ne retient de l'œuvre de Wittgenstein que le *Tractatus logico-philosophicus* (1921), voulant accréditer un lien de filiation entre le philosophe et la neurophilosophie. Pourtant, Wittgenstein affirmait bien que « la philosophie n'est aucune des sciences de la nature »[2], que son but est la clarification logique de

---

1. Ce texte a été présenté pour la première fois dans le cadre du séminaire « Corps humain-Neurosciences et génétique » au Collège International de Philosophie en 1994-1995. Il a été publié dans la revue *Philosophie*, n° 49, mars 1996, Paris, Minuit, p. 50-67.

2. L. Wittgenstein, *Tractatus logico-philosophicus*, Paris, Gallimard, 2001.

la pensée et non l'explication scientifique du cerveau et qu'elle doit limiter de l'intérieur l'inconcevable par le concevable grâce à une expression simple de ce qui peut être clairement pensé. La neurophilosophie voudrait retenir seulement le point 6.53 : « la juste méthode de philosophie serait en somme la suivante : ne rien dire sinon ce qui se peut dire, donc les propositions des sciences de la nature ». Au contraire de cette proposition, Wittgenstein ajoute lui-même « dire quelque chose qui n'a rien à voir avec la philosophie ».

Or le présupposé fondamental de la neurophilosophie, celui de l'inexistence des états mentaux dans le contenu matériel des états cérébraux, a été fortement critiqué par Wittgenstein dans la seconde partie de son œuvre. Plutôt que d'entretenir une fascination pour les termes nouveaux, Wittgenstein nous a appris à les analyser comme des modes d'expression. À partir de 1930, le cerveau n'est devenu un objet d'étude pour Wittgenstein qu'au titre de modèle de l'articulation entre la langue et le corps. Le cerveau possède une grammaire dès lors que les neurophilosophes, comme P. S. Churchland et J.-P. Changeux l'utilisent en évitant de s'en rendre compte. Apercevoir les neurosciences comme un langage, à l'heure où l'évidence de leurs résultats aveugle, tel pourrait être l'une des tâches du philosophe des sciences.

L'ANALOGIE CORPORELLE

Le principe de la neurophilosophie est celui de la localisation de la pensée : le cerveau est désigné comme siège de la pensée. Pour Wittgenstein, la première cause d'erreur du principe de localisation de la pensée est l'utilisation d'un raisonnement analogique qui nous fait croire en la réalité matérielle de la description méta-phorique. Cette façon de prendre à la lettre la métaphore est un effet de structure de la grammaire de la langue : « Quand nous disons : « Le cerveau est le lieu où se situe la pensée », qu'est-ce donc que cela signifie ? Simplement que des processus physiologiques sont en corrélation avec la pensée, et que nous supposons que leur observation pourra nous permettre de découvrir des pensées… Cependant, si nous utilisons l'expression « le cerveau est le siège de la pensée », sachons bien qu'il s'agit là d'une hypothèse que seule l'observation de la pensée dans le cerveau serait à même de vérifier »[1]. À partir de l'analogie de la fonction grammaticale du terme « penser » avec, par exemple, le terme « parler », nous attribuons une même logique corporelle aux deux termes : nous assimilons la bouche à la parole et le cerveau à la pensée. Le recours à cette analogie corporelle procède d'un schéma causal selon lequel le cerveau est l'agent opératoire de la pensée, son mécanisme intermédiaire. En affirmant que c'est l'esprit qui pense, en attribuant le « qui » au cerveau, la métaphore est remplacée par un argument localisateur fort, ce qui constitue une sorte de réductionnisme voilé.

Pour Wittgenstein, la pensée est « une activité qui utilise des signes ». Et à cet égard il limite son projet à la compréhension de la structure et de la grammaire d'expressions[2] comme « le cerveau exprime la pensée ».

---

1. L. Wittgenstein, *Le Cahier bleu et le Cahier brun*, trad. fr. G. Durand, Paris, Tel-Gallimard, 1965, p. 54. Wittgenstein développe ce thème de l'analogie entre le physique et le mental dans *Le Cahier brun*, p. 244-250.

2. C. Cavaillé, *Les jeux de langage chez Wittgenstein*, Paris, Éditions Demopolis, 2016, p. 13.

Par l'analogie corporelle, le cerveau est considéré comme un organe matériel; dans l'expression « siège de la pensée », le cerveau contient et matérialise l'état mental qui n'est qu'un autre nom de la réalité physiologique de l'état neuronal. Le risque de l'analogie corporelle est d'entériner l'hypothèse de la localisation sous le poids de la réalisation de la métaphore. Car si le cerveau est le siège de la pensée, il n'y a plus à supposer l'existence d'états mentaux indépendants puisque l'explication neurophysiologique se présente comme la description causale de la réalité. Le mot « siège » spatialise la pensée.

Wittgenstein utilise certes des métaphores spatialisantes, mais il les maintient comme telles. Dans les *Cours de Cambridge* des années 1930-1932, après avoir rappelé que la pensée est un processus symbolique qui dure aussi longtemps que son expression, il compare, retrouvant le modèle de Georges Cabanis [1], la pensée et la digestion : « Examinez l'exemple de la digestion. Nous pouvons la considérer : a) comme un processus caractéristique d'êtres humains. b) comme un processus chimique, de façon totalement indépendante du fait que ce soit dans l'estomac qu'elle ait lieu. Nous adoptons une conception similaire de la pensée. Mais les processus physiologiques compris dans la pensée, quels qu'ils soient, sont sans intérêt pour nous » [2]. La similitude entre l'estomac et la pensée s'arrête à la prise en compte des processus

1. G. Cabanis proposait de comprendre la relation de la pensée et du cerveau sous le modèle de la digestion : « Nous concluons avec la même certitude que le cerveau digère en quelque sorte les impressions; il fait organiquement la sécrétion de la pensée », *Rapports du physique et du moral chez l'Homme*, 1802.

2. L. Wittgenstein, *Les Cours de Cambridge, 1930-1932*, trad. fr. E. Rigal, Mauvezin, T.E.R., 1988, p. 28.

physiologiques internes : s'il est vrai que la digestion s'effectue dans l'estomac au point de déterminer sa qualité, la pensée, qui est pour Wittgenstein un processus symbolique, ne peut trouver sa raison dans ses processus physiologiques. La comparaison du « dedans » ct du « dehors » est pernicieuse car elle nous fait attribuer la pensée « dans la tête ». L'image trouve son utilité par la localisation fonctionnelle qu'elle suggère. « Mais nous oublions ensuite cette image et continuons à employer le langage qui en dérive »[1]. Beaucoup sont ceux qui, attirés par l'effet de réel procuré par les descriptions neurologiques, oublient de se remémorer expressément l'image au moment où ils l'emploient.

Aussi faut-il refuser toute organicité de la pensée car « il n'existe pas de processus mental qui ne puisse être symbolisé »[2]. Trouver une marque distinctive de la pensée dans le cerveau reviendrait à introduire des représentations dans l'esprit. La pensée devrait, dans le meilleur des cas, se diviser en deux parties, l'une organique et l'autre inorganique ; dans le pire de ce positivisme, se réduire à la part organique. Dans ces deux cas, la réduction fait précéder la pensée par le cerveau alors qu'il « n'y a rien qui existe avant que la pensée ne soit mise en mot ou en figure »[3].

MÉTAPHORE ET HYPOTHÈSE DE LA CORRÉLATION

L'hypothèse de la corrélation entre la matière cérébrale et la pensée présuppose l'établissement réel de connexions directes entre un cerveau-cause et

---

1. *Ibid.*, p. 29.
2. *Ibid.*, p. 51
3. *Ibid.*, p. 96.

des pensées-effet. La question de Wittgenstein « en quel sens peut-on dire que l'observation du cerveau permettra d'atteindre des pensées ? » pose le problème de la différence entre observation et expérimentation. La neurophilosophie semble éviter le problème de cette différence en établissant des connexions physiques entre les fonctions et les réseaux de neurones ; si bien que, depuis 1933-1934, les progrès de la neurophysiologie auraient rendu caduque la remarque méthodologique de Wittgenstein.

Cependant la difficulté ne disparaît pas pour autant. Par la notion d'observation, Wittgenstein interroge le mode de liaison, et plus précisément la croyance que nous inférons en affirmant observer un même phénomène à la fois de manière interne (le cerveau) et externe (la pensée). S'il est vrai que nous pouvons « avoir l'idée que la correspondance a été constatée expérimentalement », encore faut-il distinguer une correspondance établie de manière directe ou de manière indirecte. Le plus souvent, de manière indirecte, « il s'agit d'observer le cerveau d'un sujet qui est en train de penser ». Les tests d'évaluation externe assurent depuis toujours ce que nous avons appelé une induction négative : c'est à partir du constat clinique de dysfonctionnements (ces pathologies s'expriment toujours de façon négative comme les aphasies, les amnésies...) que l'on compare le positif et le négatif pour dresser la carte de la normalité fonctionnelle. Le neuroscientifique induit la généralité du fonctionnement normal du cerveau à partir des déficiences et des anomalies constatées et utilise pour cela un raisonnement aveugle puisque rien ne prouve que ce qui fait défaut soit le contre-modèle de ce qui fonctionne.

Wittgenstein le souligne : « Mais, l'explication risque d'être insuffisante du fait que l'observateur ne connaîtra qu'indirectement les pensées par l'intermédiaire du sujet qui doit d'une façon ou d'une autre les exprimer »[1]. Bien sûr, afin de réduire au maximum l'écart entre les expressions subjectives et les évaluations objectives, le scientifique mettra en place une succession d'expériences contradictoires qui tendront à diminuer la force hypothétique pour la remplacer par des effets probatoires. Wittgenstein souhaite maintenir la distinction méthodologique entre l'hypothèse, formulée dans l'expression « le cerveau est le siège de la pensée », et l'observation de la pensée dans le cerveau qui exige toujours une vérification. La question que nous pose Wittgenstein est en définitive de savoir si la méthode expérimentale peut s'appliquer à la pensée sous prétexte d'en vérifier les effets physiques dans le cerveau. En effet, de manière indirecte, la preuve de la connexion est non seulement soumise à l'induction négative mais à un perpétuel postulat de vérification. Non que l'on puisse parvenir à une connaissance suffisante, susceptible de constituer une science, la neurologie. Mais l'objectivité établie ne doit pas se confondre avec l'idée d'une objectivation, d'une matérialisation intégrale de la pensée. Wittgenstein nous présente une exigence éthique, non pas pour servir d'alibi à un nouveau dualisme, mais pour distinguer, à l'intérieur d'une épistémologie du langage scientifique, les effets de croyance métaphorique de la réalité effectivement atteinte par la science.

---

1. L. Wittgenstein, *Les Cours de Cambridge, 1930-1932*, *op. cit.*, p. 55.

Même dans le cas de la manière directe, des obstacles se présentent : Wittgenstein prend l'exemple où « le sujet et l'observateur ne font qu'un, un homme qui pourrait regarder dans un miroir, par exemple, ce qui se passe dans son cerveau »[1]. Refusant de dédoubler le même phénomène, Wittgenstein ne retient pas la position du matérialisme réductionniste qui ferait de la pensée un nom externe d'une cause interne. La différence interne-externe doit être effective au point de permettre la reconnaissance de l'existence de deux phénomènes : « L'un, que l'on nommera « pensée » : une série d'images, d'impressions, ou une série de sensations visuelles, tactiles, cinesthé-siques, éprouvées en écrivant une phrase ou en pronon-çant des paroles ; et d'autre part, un phénomène d'une autre sorte : la vue des contractions ou des mouvements cellulaires du cerveau »[2]. En se demandant où se trouve la pensée, la science neurophysiologique favorise l'iden-tification des phénomènes par la recherche du lieu de la pensée. La recherche de la localisation, c'est-à-dire la détermination des causes physiologiques des fonctions, si elle commence dès 1810 avec la phrénologie de F. J. Gall[3], sert toujours aujourd'hui d'argument pour rejeter la dualité descriptive présentée par Wittgenstein. Car la localisation présuppose deux parts d'un même phénomène : la part physiologique causale et la part psychologique secondaire.

Comment, dès lors, critiquer cette causalité psycho-neurologique sans être immédiatement accusé de

1. L. Wittgenstein, *Les Cours de Cambridge, 1930-1932, op. cit.*, p. 55.

2. *Ibid.*

3. G. Lanteri-Laura, *Histoire de la phrénologie. L'homme et son cerveau selon F.J. Gall*, Paris, P.U.F., 1994.

dualisme, de distinction réelle des substances, à la manière de Descartes ? Wittgenstein propose deux solutions : d'une part l'observation portera d'autant plus sur la corrélation (« *a correlation of two phenomena* ») que l'on aura pris le soin de souligner la dimension phénoménale de la pensée (« *Both these phenomena could correctly be called "expressions of thought"* »). Par le recours à la théorie de l'expression, Wittgenstein tend à accorder aux deux phénomènes une égale réalité dans la mesure où ce qui est éprouvé subjectivement dans la pensée d'un souvenir a autant de contenu que la vision objective des mouvements cellulaires provoqués par cette pensée dans le cerveau. En écrivant « dans » et non pas « par » le cerveau, nous sommes déjà pris au piège du langage en favorisant la thèse d'un rapport de contenu à contenant.

Mais le passage de la corrélation à la causalité se traduit aussi par l'abandon de la théorie de l'expression pour celle de la localisation. Par « *expressions of thought* », Wittgenstein place la pensée en position de cause productrice de différentes expressions : une expression subjective ressentie par la conscience du sujet, et une expression objective descriptible par l'observation des modifications des états du cerveau. Wittgenstein n'indique ni la structure grammaticale « dans », ni celle « par », mais plutôt « *expression of thought* » : ce qui désigne deux modalités d'expression de la pensée, irréductibles l'une à l'autre, et qui ne peuvent être unifiées en une théorie globale et définitive. La corrélation provient de la question « Comment ma pensée s'exprime-t-elle par le moyen du cerveau ? », alors que la localisation présuppose la question « Mais où se trouve donc la pensée ? ».

Wittgenstein reconnaît donc à la pensée un domaine d'expérience spécifique et supérieur à toutes les objectivations cérébrales. C'est par un abus de langage que nous oublions la dimension métaphorique de l'expression « le cerveau est le siège de la pensée » pour rejoindre le domaine de la méthode expérimentale par le biais de l'hypothèse. « L'observation de la pensée dans le cerveau » n'est que la conséquence d'une erreur logique.

GRAMMA ET LIEU RÉEL

« Par exemple, quand vous dites : « C'est assurément dans la tête que se situe la pensée », vous vous la représentez alors comme une activité. Il est également correct de dire que la pensée est une activité de la main qui écrit, du larynx, du cerveau, de l'esprit, pour autant que l'on saisisse la portée logique de ces diverses affirmations. Mais comprenez-le bien : c'est en se méprenant sur la portée logique des expressions que l'on croira que l'une d'elles indique le lieu réel des activités de la pensée »[1]. Si l'on perd la « grammaire » qui structure les expressions du langage, on est entraîné dans des conséquences ontologiques qui nous font croire en la réalité des phénomènes : on passe ici des mots aux choses. En définissant la pensée comme « une opération qui comporte essentiellement l'usage des signes »[2], Wittgenstein lie la pensée à la grammaire dans la mesure où l'usage des signes est déterminé par un certain nombre de règles logiques.

À l'inverse, le neurophilosophe, en localisant la pensée dans le cerveau, aura tendance à secondariser

1. L. Wittgenstein, *Le Cahier Bleu, op. cit.*, p. 66.
2. *Ibid.*

la pensée ou à établir une hiérarchie de phénomènes conséquents. Pourtant, dire que « la pensée est une activité du cerveau » est seulement une affirmation logique dont la « grammaire » permet de conserver le caractère hypothétique par le jeu des signes ; il s'agit ici tout au plus d'une certaine manière d'utiliser les signes pour décrire un phénomène. Seulement le neurophilosophe est pris dans le jeu du langage en prenant à la lettre une expression seulement logique. Ainsi l'expression « la pensée est une activité du cerveau » (mais aussi de la main, du larynx...) devient « la pensée est l'activité du cerveau ». Le passage de l'expression logique au lieu réel du cerveau est dû à la dérive grammaticale de l'expression. « La pensée est l'activité du cerveau » est un des sens possibles, mais l'argument de localisation a tendance à réduire l'expression logique aux possibilités réelles de la physiologie cérébrale. On comprend ainsi que le neurophilosophe a horreur des vides suscités par la grammaire philosophique.

La différence entre la philosophie et la neuro-philosophie est méthodologique : comme nous le rappelle Wittgenstein, « la méthode des sciences demeure constamment à l'esprit des philosophes, et ils sont sans cesse tentés de se poser des questions et d'y répondre de la même façon que l'on a coutume de le faire dans les disciplines scientifiques. Cette tendance est à l'origine de la spéculation métaphysique, elle conduit la pensée vers une obscurité complète. La philosophie est par nature "purement descriptive" »[1]. L'erreur logique des disciplines scientifiques provient de leur finalité méthodologique : en expliquant la réalité par des lois

---

1. L. Wittgenstein, *Le Cahier Bleu*, *op. cit.*, p. 70.

précises et efficaces, la science est obligatoirement réductrice. Et le risque métaphysique accentue l'oubli de la grammaire qui structure le langage par la croyance en l'explication du réel. La neurophilosophie n'échappe pas à cette critique, car « la volonté de procéder selon une méthode scientifique est également une des causes principales de notre désir de généralisation »[1]. La neurophilosophie a oublié le cas particulier du langage pour favoriser, parmi les expressions, celle qui fournira l'explication la plus réelle du point de vue d'une réalité scientifique. La philosophie scientifique, telle qu'elle se pratique dans la neurophilosophie, s'est laissé fasciner par certaines formes d'expressions qu'elle a prises au sens réel au lieu de les référer à l'usage.

On le sait, la thèse de Wittgenstein est de lier la connaissance de la grammaire philosophique à la conscience des différents usages des expressions. « Philosopher, dans le sens où nous employons ce terme, c'est d'abord lutter contre la fascination qu'exercent sur nous certaines formes d'expression »[2]. La signification réelle d'un mot comme la « pensée » ne trouve pas dans la réalité du cerveau un objet suffisant et correct pour satisfaire aux règles de la grammaire. Ainsi, animé par le souci méthodologique de régler le rapport du langage et de l'objet, Wittgenstein soulignera toujours la double exigence de la philosophie : « En philosophie on est obligé dans tous les cas d'apprendre non seulement *ce que* il faut dire sur un objet, mais *comment* il faut en parler »[3]. En entretenant au contraire la confusion, l'intentionnalité

---

1. L. Wittgenstein, *Le Cahier Bleu, op. cit.*, p. 69.

2. *Ibid.*, p. 84.

3. L. Wittgenstein, *Remarques sur les couleurs*, trad. fr. G. Granel, Mauvezin, T.E.R., 1984, 2 éd., p. 31.

ne trouverait pas sa définition dans un état d'esprit ou un processus mental. Par exemple, l'intention de faire un portrait ne relève pas d'un processus matériel précis dans le cerveau du peintre, au sens où le portrait à faire aurait été enregistré par la mémoire si bien que le peintre n'aurait plus qu'à dérouler sur la toile l'enchaînement des images perçues. Or en opposant la constitution d'une représentation intentionnelle et son interprétation, Wittgenstein critique l'idée d'une restitution complète, un processus mental. « L'intention de faire » (*intending*) est le résultat d'une combinaison de nombreux états d'esprits plutôt que la projection mécanique d'une perception enregistrée. Cet écart est dû aux modifications apportées par la réinterprétation permanente de l'action à accomplir selon les circonstances ou les motivations du présent.

PAS D'OPÉRATION MENTALE

Une autre confusion se développe lorsque nous nous référons à l'idée d'opération. Lorsque nous pensons à M. Smith, c'est que nous sommes en train de le désigner du doigt en disant « voici M. Smith » : « j'entends qu'il ne se produit en nous aucune surprenante opération mentale qui nous permettrait d'évoquer M. Smith quand M. Smith est absent. Toute la difficulté que l'on éprouve à découvrir l'origine réelle de la connexion indiquée provient des formes d'expressions du langage ordinaire qui peut faire croire que la connexion entre nos pensées (ou leur expression) et la chose à laquelle nous pensons doit intervenir dans l'instant même où se révèle (ou s'exprime) la pensée »[1]. La neurophilosophie

1. L. Wittgenstein, *Le Cahier bleu*, op. cit., p. 101.

résout le problème de l'intentionnalité en ayant recours à une théorie de la mémoire qui conserve plus ou moins l'image perçue ; selon le degré d'intensité, l'intention de faire vient actualiser, par des processus cérébraux, ce qui est nécessaire du passé pour produire l'état mental. Ainsi l'opération mentale est le résultat d'une actualisation.

À l'inverse, Wittgenstein, en définissant la pensée par son expression, interdit toute référence cognitive à des états antérieurs à l'action présente. En nous, ne se produit pas une opération par laquelle une connexion serait active entre les états cérébraux et les états mentaux. En oubliant le travail de réinterprétation intentionnelle, nous croyons en un processus linéaire qui rejoint le présent au moment même de l'action. Les formes d'expression du langage ordinaire, comme l'emploi d'un temps passé pour se référer à une information passée et restée implicite, alimente la croyance en une simultanéité et en une disponibilité de toutes les informations synthétisées dans l'expression présente de la pensée. En utilisant le terme « mental », nous considérons bien que la signification ou la pensée sont une forme d'activité mentale mais nous indiquons par là même notre ignorance et notre incompréhension de « la façon dont les choses se passent »[1].

---

1. *Ibid.*, p. 102. Wittgenstein reprend cette thèse de la correspondance forcée entre le cerveau et le mental : « Remarquez encore avec quelle assurance on nous déclare qu'une certaine configuration du cerveau *doit* correspondre aux aptitudes du calculateur… sans pouvoir nous fournir aucune précision sur les correspondances psycho-physiologiques qu'impliquerait ce schéma. Ces phénomènes sont considérés comme le résultat de l'agencement du mécanisme mental qui serait la condition de leur possibilité », *Le Cahier brun, op. cit.*, p. 224.

« Mental » n'explique rien et parler d'« opération mentale » est une faute de raisonnement. Wittgenstein retrouve ici l'argument critique de Hume sur la croyance en une connexion nécessaire et cette liaison, pour lui, est difficilement appréhendable si l'on se situe au niveau du résultat unifié. On suppose le déroulement mécanique de « connexions » entre différents niveaux de réalité mentale (l'image-expérience, par exemple), eux-mêmes accrédités du qualificatif de « réalité » par la supposition de causes neurophysiologiques à leur constitution... et ainsi de suite. Cette référence causale est constante dans la mesure où l'état mental est compris comme le résultat d'une somme d'états physiologiques. Ici, mental est égal à cérébral.

Pourtant, la neurophilosophie prétend avoir éliminé toute référence au langage ordinaire en rejetant les modes d'évaluation de la *folk psychology*. En effet, le principal défaut de la psychologie ordinaire serait de décrire l'intentionnalité à partir de la seule référence à l'état mental. Peu lui importe de savoir comment a été produit cet état mental. Les développements de la subjectivité et de l'intériorité se trouvent confirmés par la méthode d'introspection qui ne nécessite aucune donnée neurophysiologique. Pour P. S. Churchland, ce manque de scientificité discréditerait le contenu de la psychologie ordinaire. En étant seulement descriptive, elle ne parviendrait pas à la question des fondements, celle de la constitution des états mentaux.

Mais la neurophilosophie entretient en fait la confusion entre la description d'un état mental et sa constitution par le mécanisme de la pensée : « Une confusion s'établit aisément entre les moyens qui nous permettent de décrire un état mental et une hypothèse touchant au fonctionnement de ce que nous appelons le mécanisme de la pensée; et d'autant mieux que ces hypothèses ou ces représentations du fonctionnement de l'esprit ont été incorporées aux formes d'expression du langage commun »[1]. Avec la neurophilosophie, l'hypothèse est devenue le moyen de décrire un état mental : ainsi le remplacement de la psychologie ordinaire sera d'autant plus aisé que les formes d'expression du langage commun trouvent dans les affirmations neurophilosophiques un contenu crédible. Cette crédibilité favorise le mouvement de substitution dans la mesure où la neurophilosophie répondrait à l'attente d'explication de l'opinion par des réponses scientifiques. Or l'état mental n'a pas d'existence hors d'un processus d'expression. La neurophilosophie, par la complexité physico-chimique des réseaux de neurones, met plutôt l'accent sur l'arrière-plan cérébral qui produirait l'acte mental, tandis que Wittgenstein fait dépendre l'activité pensante de l'activité d'expression de la pensée. Ainsi, la dimension opératoire n'est pas dans le cerveau mais dans le mode d'accomplissement de la pensée : ce qui fait exister la pensée, c'est le mode d'expression.

LA THÈSE DE L'ÉMERGENCE

En reconnaissant la complexité de l'organisation psychophysique, Wittgenstein n'en vient pas cependant à faire disparaître le problème du dualisme de l'esprit et de la matière sous une solution de continuité. S'il a recours à la thèse de l'émergence, c'est surtout pour mettre l'accent sur l'unité dynamique atteinte par la complexité d'organisation du corps humain : il ne suffit pas que les

1. L. Wittgenstein, *Le Cahier bleu*, *op. cit.*, p. 103.

phénomènes matériels atteignent un certain degré de complexité pour produire l'apparition de phénomènes du plan supérieur, comme la parole. Face à l'intelligence artificielle et au développement connexionniste de la robotique, Wittgenstein s'interroge sur la légitimité d'attendre une machine qui parle, perçoit, désire…

Le caractère indépassable de l'expérience personnelle conduit Wittgenstein à refuser le monisme : « Car, dans un sens, l'expérience personnelle, loin d'être le résultat de processus physiques, chimiques, physiologiques, semble bien former le fondement de tout ce que nous pouvons raisonnablement dire de ces processus eux-mêmes. De ce point de vue nous avons tendance à concevoir sous une autre forme l'unicité de la construction, et prétendre à tort, que le monde matériel et spirituel se compose d'un seul élément »[1]. La réduction de l'expérience personnelle aux processus physico-chimiques pourrait donner lieu à une argumentation moniste : ainsi le matérialisme réductionniste confond le fondement avec la cause productrice. Le statut de l'expérience personnelle pourrait faire croire à un tel déplacement dans la mesure où on la penserait comme un épiphénomène. Wittgenstein renvoie dos à dos le réaliste, qui croit en la réalité objective et physico-chimique de l'expérience personnelle, et l'idéaliste ou solipsiste, qui n'aperçoit que l'expérience personnelle et ne croit pas en la souffrance d'autrui. Donner à l'expérience personnelle un statut particulier permet à Wittgenstein de préparer sa position des *Remarques sur la philosophie de la psychologie* : la thèse de l'émergence, que nous développons dans l'émersiologie, ne doit pas être comprise comme une

1. *Ibid.*, p. 116.

preuve d'une action causale continue, mais comme le moyen d'une hiérarchie de niveaux, dont l'expérience personnelle serait le premier fondement.

Niveau 2 : Expérience personnelle

------------------------- EMERSION

Niveau 1 : Processus physique, chimique et biologique

Schéma 1 : *Une hiérarchie de niveaux*

DÉSIGNATION ET LOCALISATION

L'exemple de la localisation de la douleur illustre parfaitement cette différence entre la référence à l'expérience personnelle et celle, plus matérielle, aux processus physico-chimiques. Comment savoir qu'une douleur est là, plutôt qu'ailleurs ?

Cette certitude pourrait nous faire croire que la désignation est objective, atteignant un lieu réel parce que précis, comme en référence à un espace euclidien qui parviendrait à couvrir toute la surface de mon bras d'un quadrillage de lignes numérotées. Or un tel présupposé alimente la croyance d'une connaissance préalable du corps, antérieure à l'expérience. Pourtant, c'est la douleur qui désigne le lieu comme cause et non l'inverse. Dans ce cas, il y aurait une grille préétablie de la douleur qui se révélerait dès lors que le sujet en ferait l'expérience personnelle : la douleur subjectivement ressentie serait seconde par rapport à la douleur objectivement produite par l'organisme.

Or Wittgenstein renverse la croyance en la localisation objective en soulignant le rôle d'attribution de l'acte désignatif : « Ce que je voudrais pouvoir vous faire saisir, c'est que l'acte même de désigner détermine l'emplacement douloureux. Cet acte de désignation ne doit toutefois pas se confondre avec un repérage d'un emplacement douloureux par attouchement du doigt »[1]. Ainsi « *the act of pointing* » relève de l'expérience personnelle ; et sans pour autant qualifier la douleur de solipsiste, il n'y a que le sujet qui est susceptible de s'autoréférer à son corps subjectif pour désigner sa douleur. Il y aura toujours un décalage entre ma douleur et ma douleur désignée par autrui. D'autant plus si cet autrui, comme le médecin, se réfère à une grille objective de production de la douleur. L'emplacement douloureux désigné par l'expérience personnelle détermine cet endroit comme douloureux : premier temps subjectif qui, par la désignation, passe de la sphère privée à la sphère publique.

Pour confirmer l'ambiguïté de cette double référence réaliste et idéaliste, Wittgenstein prend précisément l'exemple chimérique de la douleur commune : « mais supposons que moi-même et une autre personne nous ayons une main qui soit commune à nos deux corps, les nerfs et les tendons de mon bras et ceux du bras de cette personne ayant été rattachés à la dite main par une opération. Supposons alors qu'une guêpe vienne piquer cette main. Nous crions, grimaçons ensemble, manifestons la même douleur... Dirons-nous alors que nous éprouvons une même douleur, ou chacun une douleur différente ? »[2]. Le réaliste prendra acte de la communauté nerveuse pour affirmer qu'il s'agit d'une même douleur. L'idéaliste, au contraire, s'appuyant sur l'expérience personnelle du corps distinguera ma douleur de sa douleur.

1. L. Wittgenstein, *Le Cahier bleu*, *op. cit.*, p. 120.
2. L. Wittgenstein, *Le Cahier bleu*, *op. cit.*, p. 126.

Pour départager des points de vue si contradictoires, Wittgenstein accorde à l'idéalisme le caractère non substituable du « je souffre » qui ne peut décrire un certain corps particulier : pour que « ce qui souffre », « ce qui voit », ou « ce qui pense » soit de nature mentale il faut accorder au mot « je » de l'expression « je souffre » la dimension unique de l'expérience personnelle. Ceux qui, comme les réalistes, usent de l'expression « états mentaux » présupposent que cette expression, « états cérébraux » en est la signification. Cette coïncidence de l'expression et de la signification alimente non seulement le réductionnisme mais également la recherche de localisation de plus en plus objective.

Or, la position de Wittgenstein est de disjoindre, dans la mesure où le travail de la grammaire philosophique serait respecté, l'usage d'une expression de sa signification : « L'usage d'une expression est la caractéristique essentielle qui nous permet d'en reconnaître la signification. La signification n'est pas un élément qui accompagne mentalement la formulation de l'expression »[1]. Suivant l'usage subjectif ou objectif, « je » ne prend pas la même signification. « J'ai le bras cassé » est l'usage objectif, tandis que « je vois un tel » est l'usage subjectif. Tandis que les neurophilosophes auraient tendance, par l'étude fonctionnelle de la vision, de la motricité, à réduire l'usage subjectif à l'usage objectif, la signification neuronale viendrait surdéterminer l'expérience personnelle. Wittgenstein refusera toujours une telle surdétermination en maintenant distincte l'observation externe de la douleur de la sensation interne. L'utilisation de la même expression nominale, la douleur, ne suffit pas

1. L. Wittgenstein, *Le Cahier bleu, op. cit.*, p. 143, [p. 65].

pour légitimer la réduction de l'expression nominale à
« la douleur que j'ai au pied »[1]. Ainsi ressentir la douleur
comme ma douleur ne peut correspondre à l'observer
en la désignant dans l'expression nominale comme
j'observe « ma douleur »[2] tant que je ne pique pas autrui
avec une épingle. Mais en observant « ma douleur » dans
la piqûre que j'inflige à autrui, je ne la ressens plus, il n'y
a donc aucune équivalence logique entre « je ressens ma
douleur » et j'observe ma douleur.

Elisabeth Rigal précise, dans sa préface aux *Notes
sur l'expérience privée et les « sense data »*, combien
ce texte, rédigé entre la fin 1934 et mars 1936, participe
de l'« entreprise de déconstruction de l'intériorité
fondatrice qui laisse le « royaume de la conscience »
acéphale... »[3]. Car la dénomination des sensations,
dans notre jeu du langage privé, est un leurre entretenu
par le solipsisme de l'*ego*. La grammaire des « *sense
data* » privés ne peut que présumer un état d'esprit :
nous employons une expression, « j'ai mal aux dents »,
en donnant un nom à une sensation qui n'a pas de
signification suffisante pour faire comprendre la douleur
ressentie. L'expression remplace la réalité objective
qu'elle décrit : « l'expérience privée est une construction
dégénérée de notre grammaire (comparable, en un sens,
à la tautologie et à la contradiction). Et ce monstre gram-
matical nous abuse désormais »[4]. L'objet physique

---

1. L. Wittgenstein, *Remarques sur les couleurs*, *op. cit.*, n° 57,
p. 16.

2. *Ibid.*

3. L. Wittgenstein, *Notes sur l'expérience privée et les « sense
data »*, trad. fr. E. Rigal, Mauvezin, T.E.R., 1989, p. II.

4. L. Wittgenstein, *Notes sur l'expérience privée et les « sense
data »*, *op. cit.*, p. 45.

n'existe pas en soi ; le *sense datum* est la manière dont l'objet physique apparaît devant « l'œil mental ». La tentation d'un *ego* acéphale, comme de son inverse neurophilosophique *l'homme neuronal*, est de nier l'écart entre « l'œil mental » et l'objet physique en proposant une reconstruction objective du monde de l'intérieur même de la subjectivité. L'élimination de la vie privée ne doit pas se faire au nom de l'objectivation scientifique afin d'établir une transparence physiologique. La dégénérescence grammaticale ne peut servir d'alibi à l'éliminativisme.

LA DIFFÉRENCE GRAMMATICALE

Wittgenstein nous invite dès lors à construire une alternative au réductionnisme neurophilosophique car « le sel de la chose est justement qu'aucune affirmation sur l'état du cerveau (ou celui de quiconque) n'équivaut à l'affirmation qui est l'objet de ma croyance »[1]. Ainsi la mémoire, si actuelle dans les théories neurobiologiques de l'apprentissage, est un objet de croyance. L'événement, par son retour mnésique, produirait un souvenir dont le signe paraîtrait logiquement associable à une trace physique. Les neurophilosophes reprocheront sans doute à Wittgenstein de reprendre l'image bergsonienne de l'enregistrement mécanique, celle du dictaphone, là où la neurochimie établit aujourd'hui la complexité des réseaux. S'il est vrai que le cerveau, à l'inverse du dictaphone, restitue ce qui a été enregistré en produisant

---

1. L. Wittgenstein, *Remarques sur la philosophie de la psychologie*, tome 1, trad. fr. G. Granel, Mauvezin, T.E.R., 1989, n° 501, p. 117. Les manuscrits couvrent la période qui s'étend du 10 mai 1946 au 11 octobre 1947.

l'intensité organique du souvenir, ce rapport quantité-qualité ne suffit pas à Wittgenstein pour conclure à une continuité causale entre la trace mnésique et l'évènement vécu : « Le préjugé du parallélisme psychophysique est également le fruit d'une conception primitive de la grammaire »[1].

Car l'indication d'un lieu corporel tend à réduire l'activité sémantique de la pensée à un signe matériel. A la question « où ressens-tu le chagrin ? [...] nous faisons *cependant* un geste vers notre corps, comme si le chagrin était en lui »[2]. Ce report sur son propre corps dépasse la simple désignation projective : il attribue, par l'effet de langage d'une croyance, une cause objective à un sentiment subjectif. Le raisonnement neurophilosophique naturalise cette croyance que tout sens exprimé par la pensée serait le signe d'une production corporelle. Or l'objet de ma croyance, par exemple « je crois que Paul viendra », repose sur une affirmation qui n'a aucun équivalent neurophysiologique[3]. Croire en quelque chose ne peut se fonder sur l'état de mon cerveau : la croyance est le résultat du processus symbolique de la pensée, si bien que vouloir la justifier en la rapportant à un fondement physique revient à confondre le sens et la cause. Affirmer que « mon cerveau est » revient à naturaliser l'identité subjective au lieu de maintenir l'argument causal dans la perspective d'une proposition logique. Attribuer à autrui une organisation cérébrale semblable à la mienne présuppose la connaissance physiologique de

---

1. L. Wittgenstein, *Remarques sur la philosophie de la psychologie*, *op. cit.*, n° 906, p. 190.

2. *Ibid.*, n° 436, p. 106. Voir aussi n° 438 et n° 440.

3. *Ibid.*, n° 591, p. 117 ; n° 503, p. 117-118 ; n° 581, p. 131.

ses pensées, ce qui est impossible. La comparaison de toute pensée avec un processus caché ne peut aboutir à la découverte neurobiologique mais seulement à une analyse des expressions du langage verbal et corporel.

La comparaison de processus et d'états corporels avec des processus et des états spirituels met souvent de côté le jeu du sens en suivant celui du signe : plutôt que de dire « je sens mon pouls », sans doute faudrait-il affirmer que je sens l'irrégularité du pouls. Au contraire de ce réductionnisme vulgaire, qui affirme que le « cerveau pense »[1], il faudrait rappeler que je pense l'activité de mon cerveau[2]. Aussi Wittgenstein en arrive-t-il à admettre « qu'aucun processus dans le cerveau ne doit être assigné à l'association ou à la pensée »[3]. Cette position, qu'il serait commode d'assimiler à celle d'un idéaliste spéculatif, reconnaît la complexité du processus neuronal : une complexité si protéiforme qu'aucune inférence ou finalité interne ne pourraient rendre déchiffrable le processus de pensée ; l'absence de

1. J.-P. Changeux, « Le cerveau, représentation du monde », *L'Homme neuronal*, Paris, Fayard, 1983, chap. IX. J.-P. Changeux met en exergue cette phrase de Wittgenstein, « Le tableau me dit soi-même », dans un chapitre de son dernier livre *Raison et Plaisir* (Paris, Odile Jacob, 1994, p. 83), dans lequel il veut répondre à la question « selon quelles dispositions cérébrales les hommes apprécient-ils l'œuvre d'art ? ».

2. Wittgenstein indiquait déjà dans *Notes sur l'expérience privée et les sense data*, *op. cit*, p. 31 : « on pourrait dès le départ enseigner à l'enfant l'expression « je crois qu'il a mal aux dents », au lieu de « il a mal aux dents », en y mettant le ton de voix dubitatif correspondant. On pourrait décrire ce mode d'expression en disant que nous pouvons seulement croire que l'autre a mal aux dents ».

3. L. Wittgenstein, *Remarques sur la philosophie de la psychologie*, *op. cit.*, n° 909, p. 189.

cohérence organique interdirait l'agencement neuronal de la pensée.

Le raisonnement de Wittgenstein est double : d'une part l'organisation de la matière n'autorise en rien notre conception de la causalité car la multiplicité des phénomènes physiologiques a été organisée par nos catégories. D'autre part notre pensée, à travers ses expressions symboliques, ne peut trouver d'équivalents matériels. Wittgenstein en conclut qu'il « est donc parfaitement possible que certains phénomènes psychologiques ne *puissent* faire l'objet de recherches physiologiques, parce que rien ne leur correspondrait physiologiquement »[1]. L'immatérialité de la pensée est moins prouvée que son absence de matérialisation physiologique. Cette élimination de l'explication physiologique[2] aurait pu conduire Wittgenstein vers une mystique en préservant le caractère énigmatique de la pensée. Pourtant, réfléchissant sur l'expression « description de l'état d'âme », Wittgenstein refuse de faire de ce jeu de mots un signe physiologique, et lui préfère une signification liée au contexte de cette affirmation[3].

CONCLUSION

L'explication physiologique revêt pour Wittgenstein une fonction de dissolution de la question : plutôt que de maintenir l'incompréhension d'un phénomène psychologique, la science veut nous désillusionner par

1. *Ibid.*, n° 904, p. 190.

2. *Ibid.*, n° 1012, p. 207 et n° 1093, p. 224.

3. L. Wittgenstein, *Études préparatoires à la deuxième partie des Recherches Philosophiques*, trad. fr. G. Granel, Mauvezin, T.E.R., 1985, n° 49, p. 30.

des affirmations du type « car ce qui se passe parfois dans le cerveau est ce qui se passe également lorsque... »[1]. La distinction entre la pensée et le cerveau est, pour lui, l'exemple privilégié pour opérer la différence grammaticale entre le sens et le signe : non que la pensée soit le sens de ce dont le cerveau serait le signe, ou inversement, mais parce que nos usages de la langue éliminent cette différence grammaticale. Maintenir dans le style de l'énoncé cette différence autorise donc Wittgenstein à écrire : « Le cerveau est comme un écrit qui nous convie à sa lecture, et pourtant ce n'est pas un écrit »[2]. Le neurophilosophe se reconnaît par l'élimination de ce « comme » là où le philosophe des sciences se doit de le réintroduire. Wittgenstein, bien avant l'expansion des sciences cognitives, aura compris l'importance de la grammaire du cerveau dans l'énoncé neuroscientifique. Le cerveau n'est pas le livre du sujet moderne, il reste l'objet métaphorique par excellence qui est écrit par les neurosciences : le cerveau s'offre à la lecture par la matière à penser, mais la matérialité du texte neuroscientifique est une cristallisation.

Cette cristallisation est dénoncée par Popper comme nous allons le démontrer dans le chapitre II, et ce dès sa thèse *De la question de la méthode en psychologie de la pensée*. Car si Wittgenstein a pu maintenir grâce à sa grammaire les processus neurobiologiques en dehors d'une théorie de l'émergence, Popper, pris dans le débat du physicalisme, ne veut pas constituer une théorie de la connaissance mais une critique de la théorie de la méthode.

---

1. L. Wittgenstein, *Études préparatoires à la deuxième partie des Recherches Philosophiques*, n° 77, p. 42.

2. *Ibid.*, n° 806, p. 270.

En résistant à la tentation d'une physiologie physique des processus de connaissance, Popper ouvre la possibilité de décrire le corps vivant tout en reconnaissant, avec son maître Bühler, le domaine de la psychologie du vécu.

CHAPITRE II

KARL POPPER FACE AUX PHYSICALISMES DANS SA THÈSE DE 1928

La thèse de Karl Popper est un des moments importants de l'histoire du physicalisme dans le contexte viennois, à travers l'utilisation de l'interprétation par Karl Bühler [1] des différents courants philosophiques de l'époque. Dans ce carrefour intellectuel, Popper, s'il reste fidèle à son maître, s'empare de la question de la classification des sciences à partir de la recherche d'une méthode pertinente pour décider d'un mode d'étude. C'est plus la question de la méthode que la psychologie de la pensée en elle-même qui est au centre de ce texte, psychologie dont Popper pourra, dans son débat avec Eccles – comme nous le montrons plus loin – trancher pour transposer la théorie des trois aspects du langage de Bühler dans celle des trois mondes et assurer ainsi à la pensée et à l'esprit un monde spécifique. Dans *Replies to my Critics*, Popper confirme l'influence de Bühler [2] : « je pense avoir été influencé bien plus par Bühler,

---

1. C. Pléh, *K. Popper's Biological views, contemporary cognitive science and psychology*, Université de Szeged, 2004.
2. A. Eschbach (ed.), *Karl Bühler's theory of language*, Amsterdam, Benjamins, 1988, p. 327-347.

psychologue et représentant de l'école de Külpe que par
n'importe quel membre du Cercle »[1].

Popper s'oppose depuis toujours au physicalisme
et à ses partisans. Dans sa thèse de doctorat, en vue de
l'obtention du titre de docteur de la faculté de philosophie
de l'Université de Vienne soutenu pendant l'été 1928 et
intitulée *De la question de la méthode en psychologie
de la pensée*, Popper adopte la méthodologie de Bühler
contre les positions physicalistes de Schlick. Bühler, dans
son livre *Die Krise der psychologie*, refuse de réformer
la psychologie et pose les axiomes de ses différents
aspects : aspect comportemental, aspect des « images
mentales objectives », aspect de l'expérience vécue. Le
caractère pluriel de ces aspects est la thèse que défend
Popper afin « d'indiquer la place qui revient à l'aspect
physico-physiologique dans le cadre des aspects »[2] et
constitue le moyen de se séparer du physicalisme radical
moderne. Ce pluralisme des aspects est une position
méthodologique qui prendra un contenu conceptuel dans
la thèse interactionniste des trois mondes, formulée dès
1969.

UNE THÉORIE CRITIQUE DE LA MÉTHODE

Popper ne veut pas en rester à une méthode
transcendantale qu'il conçoit, non au sens kantien qui
lui semble par trop imprécis pour la psychologie de la
pensée, mais au sens de la méthode logique d'Oswald
Külpe et Henrich Gomperz qui « qualifient "de science
secondaire" une science qui vit pour ainsi dire des autres

1. K. Popper, « Replies to my Critics », *in* P.A. Schilpp (ed.), *The
Philosophy of Popper*, La Salle, Open Court, Vol. II, 1974 p. 975-976.
2. K. Popper, *De la question de la méthode en psychologie de la
pensée*, Lausanne, Éditions L'Âge d'Homme, 2011, p. 40.

sciences à la manière de la « théorie de la connaissance »
(qu'elle peut en fait rendre encore plus fécondes) ».
Popper s'en tient à la recherche d'une théorie de la
connaissance en trouvant chez Gomperz un exemple de
psychologie de la connaissance sans adhérer pour autant
à son psychologisme : « Les problèmes que je débattais
avec Gomperz appartenaient à la psychologie de la
connaissance ou de la découverte. C'est à cette époque
que je les remplaçais par les problèmes de la logique de la
découverte. Je réagissais de plus en plus vigoureusement
contre toute approche « psychologique », y compris
le psychologisme de Gomperz. Gomperz lui-même
avait critiqué le psychologisme – pour finalement y
retomber »[1]. La logique de la découverte s'appuie déjà,
dans la thèse de 1928, sur la méthode logique, qui prime
sur la méthode transcendantale. Une pratique scientifique
correspond toujours à une théorie sous-jacente, si bien
que, contrairement à Moritz Schilck, Popper ne veut
pas constituer une théorie de la connaissance mais une
méthode critique de la théorie de la méthode.

Pourtant Schlick, dans la *Théorie générale de
la connaissance*, précise bien que « la théorie de la
connaissance ne peut jamais, elle non plus, par sa seule
décision ni rendre une connaissance scientifique possible
ni la récuser, mais la tâche qui lui revient est uniquement
de l'éclairer et de l'expliquer »[2]. Schlick refuse aussi de
réduire la connaissance scientifique « à l'investigation
des processus psychologiques par lesquels se produit la

1. K. Popper, « Mes dernières années à l'université », *La quête
inachevée*, Paris, Pocket, 1989, p. 100-101.
2. M. Schilck, *Théorie générale de la connaissance*, trad. fr.
Ch. Bonnet, Paris, Gallimard, 2009, p. 40.

pensée scientifique »[1]. Si la théorie de la connaissance est bien autonome et en principe indépendante de la recherche scientifique, toutes les sciences particulières doivent posséder des fondements en théorie de la connaissance car « faute de tels fondements on ne peut jamais les *comprendre* à fond »[2].

Pour Popper, la théorie de la méthode « peut seulement comparer et étudier de manière critique les méthodes pratiquées par les sciences, elle peut encourager à transposer à titre d'essai une méthode d'un domaine dans un autre, elle peut contribuer en outre à éviter la répétition d'erreurs méthodiques, à orienter l'entreprise de la recherche de manière plus systématique, etc. Malgré tout, elle dépend totalement des expériences de la recherche pratique et donc, en dernière analyse, de l'analyse des sciences d'après les méthodes employées par celles-ci »[3]. Popper renonce – comme nous le faisons par l'émersiologie avec la notion de corps vivant – à toute prétention fondatrice des sciences particulières par ce qui sera une théorie générale de la connaissance ; il réalise ici une critique des différentes méthodes comme autant d'aspects de l'expérience, mais « *les "axiomes" qui ont été déduits ne sont pas non plus des jugements synthétiques a priori* »[4].

La déduction n'est donc pas, comme chez Kant, transcendantale car les axiomes portent dans la thèse de Popper, comme le fait Bühler dans son livre « *Die Krise*

1. M. Schilck, *Théorie générale de la connaissance, op. cit.*, p. 41.
2. *Ibid.*, p. 42.
3. K. Popper, *De la question de la méthode en psychologie de la pensée, op. cit.*, p. 34.
4. *Ibid.*, p. 35.

der psychologie », sur trois aspects : l'aspect comportemental, l'aspect des « images mentales objectives »,
et l'aspect de l'expérience vécue. Cependant ce
pluralisme des aspects est seulement abordé sur le
plan méthodologique, à propos notamment de la
méthode introspective qui voudrait réduire l'aspect de
l'expérience vécue à des énoncés. Certaines thèses
considèrent l'expérience vécue comme centrale, d'autres
la considèrent comme accessoire et l'ensemble peut être
organisé en trois groupes : « 1. Les *behavioristes*, en tant
que représentants d'une direction unilatéralement axée
sur l'« aspect comportemental » (Jennings, Watson);
2. La *psychologie des sciences de l'esprit*, plus orientée
sur la culture (Dilthey, Spranger) et 3. (à titre de prolongement tempéré de la tentative de Comte, en quelque
sorte) un groupe *physico-physiologiquement* orienté
(Wertheimer, Koffka, Köhler), qui fait du « *parallélisme
psychophysique* » son hypothèse de travail »[1]. En se
partageant l'expérience vécue, les sciences de l'esprit
et les psychologies réduisent selon nous le corps vivant
à l'analyse du corps vécu au lieu de suivre, comme
nous souhaitons le faire avec l'émersiologie, la solution
méthodologique du pluralisme des aspects défendue
par Popper dans sa thèse : « J'essaierai 1. de défendre la
position méthodologique acquise contre les objections de
base d'un physicalisme radical moderne, afin d'indiquer
la place qui revient à l'aspect physico-physiologique
dans le cadre des aspects (§ 2). 2. de montrer (§ 3) que la
nouvelle approche méthodologique d'un *"pluralisme des
aspects"* développée par Bülher s'avère être également
inévitable en *psychologie de la pensée* et que l'on peut

1. *Ibid.*, p. 38.

la comprendre comme une méthode biologiquement orientée au sens large, comme une expansion des méthodes qui marquent déjà de leur empreinte le "développement mental de l'enfant". (L'aspect "physiologique" trouvera facilement sa place aussi, dans ce contexte.) »[1].

L'émersiologie envisage le corps vivant et le corps vécu comme deux aspects d'une même réalité ontologique. Il nous semble en effet inévitable de commencer méthodologiquement par situer l'apport de la biologie à la psychologie et réciproquement, sans présupposer une équivalence neurophilosophique entre les deux disciplines. Car le pluralisme des aspects respecte le domaine de compétence de chaque discipline tout en admettant une circulation des processus entre les aspects.

TRANSPOSER LA MÉTHODE
DE KARL BÜHLER (1879-1963)

« En 1925, alors que je m'occupais d'enfants délaissés, la ville de Vienne fonda un nouvel institut d'éducation appelé Institut pédagogique […]. Le but du nouvel Institut était de promouvoir et de soutenir la réforme, alors en cours, des écoles primaires et secondaires à Vienne, et quelques travailleurs sociaux furent admis comme étudiants. J'étais de leur nombre, de même que deux de mes amis de longue date. Nous étions des enthousiastes de la réforme scolaire et des études. J'appris très peu de choses de mes professeurs à l'Institut, mais j'en appris beaucoup de Bühler, professeur

---

1. K. Popper, *De la question de la méthode en psychologie de la pensée, op. cit.*, p. 40.

de psychologie à l'Université »[1]. Popper étudie d'abord à Vienne[2], où il est l'élève du psychologue Bühler. Il le fréquente à partir des années 20, au moment où il écrit son mémoire de licence *De la question de la méthode en psychologie de la pensée*, dont Bühler est un des rapporteurs et Schlick, le co-rapporteur. Il écrit aussi une série de brèves recensions d'articles parus dans la revue *Die Quelle* autour des problèmes de psychologie générale, de psychopédagogie, d'éducation physique et de formations des professeurs[3]. Selon Dario Antiseri Popper n'aurait fait que suivre le sillage de Bühler par « le recours aux méthodes propres aux trois aspects, liés entre eux, de la psychologie : l'expérience, le comportement et les créations objectives de l'esprit »[4].

Popper a pu préciser après coup l'influence de Bühler durant cette période : la théorie de la communication de Bühler « m'amena à renforcer mon approche « objectiviste », et quelques années plus tard à ajouter aux trois fonctions de Bühler ce que j'appelai la fonction argumentative. Cette fonction prit une importance considérable pour moi parce que je la considérais comme le fondement de toute pensée critique »[5]. Popper bénéficie des travaux de Bühler « dans la lignée de l'école de Würzburg, où il critiquait le "physicalisme", soutenait la possibilité d'une "pensée sans images", l'importance

1. K. Popper, *La quête inachevée*, Paris, Pocket, 1989, p. 99.

2. K. Popper, « Über die Stellung des Lehrers zu Schule und Schueler », *Schulreform*, 4 (4), 1925, p. 204-208.

3. R. Bayley, « K. Popper as Educator », *Interchange*, Vol. 26/2, 1995, p. 185-191.

4. D. Antiseri, *La Vienne de Popper*, Paris, P.U.F., 2004, p. 32.

5. K. Popper, *La quête inachevée*, Paris, Pocket, 1989, p. 99-100.

de la notion de « résolution de problèmes » et de celle
d'"aspect" »[1].

Dès l'introduction de sa thèse, Popper indique qu'il
essaie de transposer la méthode Bühler mais « que cette
tentative méthodologique a elle aussi sa préhistoire »[2].
Le champ déictique du langage de la psychologie pose,
dans la lecture de Bühler par Popper, la question de la
délimitation du champ et de ce qui ne peut être recevable
que dans ce champ : « Tout ce qui est déictique dans
le langage présente le trait commun de ne pas recevoir
son remplissement de signification et sa précision de
signification dans le champ symbolique, mais de les
recevoir au cas par cas dans le champ déictique du
langage, et de ne pouvoir les recevoir que dans ce
champ »[3]. La question se pose de l'intransférabilité d'un
domaine de langage dans un autre. Popper a pu étudier
comment Bühler est attentif aux jeux de « déplacements
extrêmement subtils »[4] entre les procédés : les déplacements ne sont pas sans conséquences car « chaque être
déplacé « emporte », pour parler métaphoriquement, son
image corporelle tactile présente »[5].

De cette instranférabilité d'un domaine du langage
dans un autre, Popper va penser cette « coopération des
trois aspects que l'on peut désigner par E (expérience
vécue), B (comportement) et G (production de l'esprit

1. A. Boyer, « Schlick et Popper. Signification et vérité », *Les
études philosophiques*, 3, n° 58, 2001, p. 350.
2. K. Popper, *De la question de la méthode en psychologie de la
pensée, op. cit.*, p. 35.
3. K. Bühler, *Théorie du langage*, trad. fr. D. Samain, Agone,
2009, p. 175.
4. *Ibid.*, p. 245.
5. *Ibid.*, p. 244.

objectif) »[1]. Car il convient de décrire chaque aspect moins à partir du déplacement l'un à l'autre que dans la complémentarité des trois aspects posant la question de la corrélation physicaliste entre eux.

WOLFGANG KÖHLER
ET LA CORRÉLATION PHYSICALISTE

L'accent a peu été mis sur la référence, pourtant constante, à Wolfgang Kölher, qui place Popper dans la lignée de Bühler, Külpe et Koffka. Popper se sert de l'argumentation de Köhler pour combattre la thèse de l'incompatibilité, aussi bien dans les éléments que dans la forme entre les processus physiologiques et les données phénoménales de Wundt et de Schilck. Au contraire, Köhler[2] a suivi (dans son livre *Die physischen Gestalten*[3]) la voie d'une corrélation formelle, selon les principes de la théorie de la *Gestalt*, entre les deux domaines, par la correspondance d'événements psychophysiques à des propriétés structurelles réelles. C'est la conscience qui donne « l'illustration phénoménale », en assurant ainsi le lien entre physiologie et psychologie, par le moyen de propriétés essentielles dont la forme serait commune.

Popper précise dans sa thèse ce problème de la similitude objective entre le niveau physiologique et le niveau psychologique : « Si l'on peut vraiment

1. K. Popper, *De la question de la méthode en psychologie de la pensée, op. cit.*, p. 40.
2. M. Asch, *Gestalt Psychology in German Culture, 1890-1967. Holism and the Quest for Objectivity*, Cambridge University Press, 1998.
3. W. Köhler, *Die physischen Gestalten in Ruhe und im stationären Zustand*, Berlin, Braunschweig, 1911.

accomplir la théorie, alors celle-ci doit conduire vers une sorte de similitude objective entre les événements psychophysiques » (qui, dans la terminologie de Köhler, sont les processus physiologiques qui vont de pair avec les processus psychiques) « et le champ phénoménal » (c'est-à-dire : le cours de la conscience) dans leurs propriétés formelles », à savoir « dans la spécificité de chaque forme à chaque cas particulier »[1]. Dans un autre passage cité par Popper, Köhler souligne la correspondance par « des propriétés structurelles réelles (phénoménales et physiques), et non pas liée sans signification positive par la force des choses seulement »[2]. Ainsi « une observation cérébrale est *en principe* concevable »[3], sur la base d'une ressemblance avec ce que le sujet éprouve phénoménologiquement.

Mais les propriétés formelles de l'esprit correspondent-elles aux processus physiques du cerveau ? Même si la physique paraît donner accès à une expérience directe, Köhler souligne combien « les objets physiques influencent un système physique particulièrement digne d'intérêt, mon organisme, et que mon expérience objective provient, en conséquence, de certains processus compliqués se déroulant au sein de ce système »[4]. En commençant l'étude de la physique, Köhler reconnaît ne pas étudier seulement des connaissances sur le monde de la physique, comme pourrait le croire un

1. K. Popper, *De la question de la méthode en psychologie de la pensée*, *op. cit.*, p. 52.
2. Cité par K. Popper, *De la question de la méthode en psychologie de la pensée*, *op. cit.*, p. 52.
3. *Ibid.*
4. W. Köhler, *Psychologie de la forme. Introduction à de nouveaux concepts en psychologie*, trad. fr., Paris, Folio-Gallimard, 1964, p. 29.

physicalisme béhavioriste : il reconnaît l'insuffisance
du parallélisme sans céder pour autant aux sirènes du
réductionnisme. Ce qui intéresse Popper dans la position
de Köhler, c'est le caractère secondaire, toujours déjà
interprétatif, des connaissances psychologiques : À quoi
la psychologie peut-elle contribuer par elle-même ?,
ce qui conditionnera son élimination et son remplacement par la neuropsychologie dans les années 1980,
qui découvre les lois de l'unité psychophysique à
partir de nomologies physiques, car elle reste toujours
une interprétation. Popper y retrouve sa thèse d'une
corrélation probable, jamais entièrement démontrable,
mais dont la supposition, pour Köhler, est d'autant plus
performative pour fonder la réflexion psychologique.
« Que les théories psychologiques sont avant tout des
interprétations physiologiques de connaissances psychologiques »[1] est une critique méthodologique du
physicalisme qui tend au contraire à défendre la thèse
de l'identité entre la nomologie psychophysique et la
nomologie psychologique au nom *d'une « géométrie
figurative du psychophysique »*.

La recherche psychophysique par les physiologistes
comme Ernst Weber, Gustav Fechner, Johannes Muller,
et Hermann von Helmholtz (le mentor Wilhem Wundt,
fondateur du premier laboratoire de psychologie physiologique) est une impasse méthodologique pour Popper.
Ewald Hering, professeur de physiologie à l'université
de Prague, a pourtant critiqué les lois psychophysiques de
Fechner en raison du caractère absurde de la modélisation

1. Cité par K. Popper, *De la question de la méthode en psychologie
de la pensée, op. cit.*, p. 53.

mathématique des mesures d'intensité des sensations [1].
La question de la mesure des sensations avait déjà été
entrevue par des savants français dès le XVIIIᵉ siècle et
avait été amplement développée en Allemagne par les
travaux d'Ernst-Heinrich Weber et Gustav-Theodor
Fechner. Lors d'une séance de l'Académie des Sciences
de Vienne tenue le 9 décembre 1875, Hering avait lancé
un discours sur la loi psychophysique de Fechner où il la
soumettait à une critique ingénieuse et implacable.

Les choses existent bien à l'extérieur de nous-mêmes
au point que l'objectivité la plus réelle ne peut se trouver
dans les propriétés cérébrales. Popper précise : « Mais
ceci ne veut rien dire d'autre que le fait que les théories
psychologiques sont avant tout des interprétations physiologiques de *connaissances psychologiques*, qu'elles
essaient de rendre physiologiquement *intelligibles* des
nomologies que l'on a observées par d'autres voies, mais
qu'elles *ne sont pas elles-mêmes en état de contribuer à
la découverte de telles nomologies* » [2].

La confrontation avec le monde de l'expérience
directe est la seule qui soit pensable car Popper y
trouve une caution pour son déductivisme, la science
n'étant pas inductive [3] « il est évident que l'induction
ou l'interprétation ne suffisent pas à conduire à bien un
examen du monde physique » [4]. Ainsi « tout ce que je
sais du monde physique fut déduit ensuite de certains

---

1. S. Nicolas, L. Ferrand, *Histoire de la psychologie scientifique*,
Bruxelles, Éditions de Boeck, 2008.

2. K. Popper, *De la question de la méthode en psychologie de la
pensée*, *op. cit.*, p. 53.

3. « L'induction était un mythe détruit par Hume », voir Popper, *La
quête inachevée*, Paris, Pocket, 1989, p. 108.

4. W. Köhler, *Psychologie de la forme. Introduction à de nouveaux
concepts en psychologie*, Paris, Folio-Gallimard, 1964, p. 30.

événements dans le monde de l'expérience »[1]. Köhler distingue le caractère privé de l'expérience directe, qui ne dérange personne, même en physique, et les expériences objectives : le physicien « suppose donc tacitement que les autres physiciens ont des expériences objectives hautement semblables aux siennes, et il n'hésite pas à tenir les paroles de ses collègues pour des comptes rendus de leurs expériences »[2].

Il convient donc de penser son propre organisme comme un système physique qui n'est pas sans inter-action avec le contenu et le mode d'observation : « comme le physicien qui observe son appareil, je ne crains pas que mon activité d'observation puisse exercer une influence sérieuse sur les caractéristiques de ce que j'observe – à condition que je me maintienne en tant que système physique à une distance suffisante de l'appareil en tant qu'autre système physique »[3]. Dès lors que le matériel à observer et le processus d'observation, mon corps (ou organisme), sont des systèmes physiques, ils appartiennent « au même système »[4]. Si l'expérience directe d'autrui nous est inaccessible, c'est en raison même de l'impossibilité d'avoir, en sortant de notre organisme, une expérience directe de la réalité.

Popper s'appuie ici sur Köhler qui prône la corrélation physiologique des représentations et des autres processus psychiques avec les processus physiques du cerveau. Postulant ainsi que la « réduction ne peut être que secondaire »[5], Popper reconnaît que l'hypostase en

1. *Ibid.*, p. 30-31.
2. *Ibid.*, p. 36.
3. *Ibid.*
4. *Ibid.*, p. 37.
5. K. Popper, *De la question de la méthode en psychologie de la pensée, op. cit.*, p. 54.

tant qu'essence propre de tous les vécus reste encore
« un analogon physique »[1] qui décrit l'organisation
psychique selon des formes. La psychologie est une
science secondaire, mais non superficielle et inutile, car
l'aspect physiologique ne pourra être interprété que par
l'observation psychologique. Le risque est grand que
« les préjugés physicalistes conduisent à une dénaturation
des faits psychologiques au nom de leur naturalisation ».
Le soubassement physico-physiologique peut rendre
compréhensible la psychologie comme il a pu le faire
avec la perception de la forme mais « une connaissance
plus profonde des légalités psychiques »[2] supposerait
une description de la totalité du vécu dans le vivant.

Ainsi les vérités soi-disant établies par l'introspection
reposent sur le principe qui a été éprouvé « pendant
l'introspection [qui] constitue l'expérience véritable
et persiste »[3] jusque dans le retour de l'attitude naïve.
« Les vrais faits sensoriels sont des phénomènes locaux
qui dépendent de stimulations locales, mais en aucun
cas de conditions stimulantes dans l'environnement »[4].
Contre l'introspectionnisme et le béhaviorisme, Köhler
reconnait la difficulté de distinguer les faits perceptuels de
nos corps : « nous ne séparons pas de façon systématique
et tranchée les phénomènes subjectifs au sens étroit du
terme des faits perceptuels que constituent les corps
humains. Dans notre cas, les expériences subjectives
sont nombreuses qui paraissent vaguement localisées
dans nos corps et se fondre en pratique avec certaines de

1. K. Popper, *De la question de la méthode en psychologie de la
pensée, op. cit.*, p. 56
2. *Ibid.*, p. 54.
3. W. Köhler, *Psychologie de la forme. Introduction à de nouveaux
concepts en psychologie, op. cit.*, p. 96.
4. *Ibid.*, p. 100.

leurs caractéristiques perceptuelles. Il est extrêmement difficile, en bien des cas, de décider si un fait subjectif est une impression ressentie par notre corps ou par nous-mêmes en un sens beaucoup plus restreint » [1].

Popper analyse les analogies entre les réflexions physiologiques et les réflexions physiques pour dénoncer la transposition : il accorde à Köhler qu'on ne peut pas, en effet, réduire le psychologique au physique mais qu'il faudrait en rester à une description des aspects, en une opposition reliant Bühler et Köhler, entre totalité sémantique et totalité systématique : « Une telle surestimation des théories physiologiques ne peut que conduire à une violation des faits psychiques par le biais d'un parti pris théorique » [2]. La recherche d'une telle coordination entre processus physiques et processus psychiques peut-elle apparaître dans les systèmes physio-logiques ? Le philosophe autrichien Christian, baron Von Ehrenfels a introduit le terme de *Gelstalt* pour décrire les qualités qui dénotent la perception de forme ou la mélodie qui, quoique fondée sur la stimulation sensorielle, ne peut dans aucun sens être considérée comme inhérente au modèle de stimulation. Pour lui, les qualités de la *Gestalt* représentent de nouveaux éléments dans le domaine de la perception. En trouvant dans les processus physiques, comme dans la réflexion physico-physiologique sur la force électromotrice chez Ehrenfelds, une analogie avec les processus psychiques il s'appuie sur ce qui serait le « *noyau dur* » [3] sans lequel le physicalisme n'aurait pas de fondement. Popper dénonce même Piaget qui « semble

1. *Ibid.*, p. 245.
2. K. Popper, *De la question de la méthode en psychologie de la pensée, op. cit.*, p. 60.
3. *Ibid.*, p. 64.

peut-être représenter en France »[1] ce biologisme radical comme une variante du physicalisme.

Popper distingue ainsi le niveau de la connaissance primaire, celle de la recherche physiologico-physique, de celui, secondaire, de la réflexion physique qui paraît rester inconnu de l'intérieur du noyau primaire. Mais l'extension à un niveau secondaire transforme la psychologie en annexe. L'idéal pour obtenir une connaissance approfondie complète ne doit donc pas nier l'intérêt immanent de la psychologie. Le physicalisme devient un préjugé qui fait obstacle à la connaissance des faits vrais dont l'histoire de la psychologie a déjà dressé l'inventaire et dont la vigilance devrait être entière face à la tentation de déduire du niveau primaire le niveau secondaire alors qu'ils appartiennent à des domaines si séparés. Le danger que révèle Popper tient à l'oubli, par la psychologie, de son histoire des préjugés physicalistes qui lui avait permis de combattre la tentation physiologico-physique.

MORITZ SCHILCK

ET LA THÉORIE DE LA CONNAISSANCE

Schlick a-t-il accompli un tournant dans la philosophie?[2]. De l'avis de Popper[3], le tournant doit être plus radical que celui opéré par Wittgenstein[4]. Mais avant d'accomplir cette critique, Popper se réfère

---

1. K. Popper, *De la question de la méthode en psychologie de la pensée, op. cit.*, p. 65.

2. S. Laugier, « Moritz Schlick : un tournant de la philosophie? », *Les Études philosophiques*, n° 3, 2001, p. 291-299.

3. A. Boyer, *Introduction à la lecture de K. Popper*, Presses de l'École normale supérieure, 1994.

4. Voir le chapitre précédent.

longuement aux thèses de Schlick [1] autour de la question de la réduction nomologique, qui suppose l'existence de lois de correspondance entre deux disciplines aussi différentes que la biologique et la physique dès lors que l'être vivant serait réductible à la composition des éléments physique et chimique qui constituent toute matière.

Comme l'affirme Alain Boyer, Popper ne veut pas fonder une philosophie du langage à la façon dont la méthode analytique le développera : « c'est tout le « tournant » *(Wende)* linguistique et antimétaphysique que le jeune Popper rejette avec constance. Il refuse catégoriquement la division du travail proposée par Schlick : à la science la recherche de vérité, à la philosophie la « quête du sens », thèse qui lui paraît devoir donner naissance à une « scolastique » (au sens vulgaire du terme, tient-il à préciser, car il n'a aucun préjugé antimédiéval) » [2]. Mais pour Popper le travail méthodologique sur les systèmes nomologiques de la psychologie est au centre du débat sur la réduction de la pensée au cerveau : pour Schlick, réussir la réduction en psychologie supposerait de l'orienter « sur des raisonnements biologiques plus que physiques » [3]. Mais selon Popper, sans préjuger de l'avenir attendu par le positivisme de Schlick, « la recherche psychologique se trouverait paralysée si l'on

---

1. K. Popper, *De la question de la méthode en psychologie de la pensée, op. cit.*, p. 41-45.
2. A. Boyer, « Schlick et Popper. Signification et vérité », *Les études philosophiques*, 3, n° 58, 2001, p. 360.
3. K. Popper, *De la question de la méthode en psychologie de la pensée, op. cit.*, p. 50.

voulait au stade actuel la réussite d'une réduction de la biologie »[1].

La réduction nomologique porte bien sur la comparaison de la connaissance entre les processus dans la prétention de la physique, comme de la physiologie, à expliquer les mouvements du corps et « en faire comprendre la possibilité »[2]. La distinction entre le physique et la psychique repose pour Schlick sur « un parallélisme épistémologique entre un système conceptuel psychologique d'un côté et un système conceptuel physique de l'autre »[3]. La réduction nomologique et le parallélisme épistémologique sont compatibles pour Schlick car « nous ne pouvons considérer tous les processus cérébraux comme des signes de conscience » : les qualités objectives des processus physiques suffisent pour se différencier de celles, subjectives, qui constituent la conscience. Comme le physique et le psychique sont deux domaines de réalités strictement distincts, il serait erroné d'attribuer des qualités sensibles à des qualités physiques : « si l'on pouvait examiner mon cerveau pendant que je regarde la feuille de papier blanc, on n'y trouverait jamais le blanc du papier, pour la simple raison qu'on ne peut rien trouver dans l'objet physique « cerveau » que des processus physiques cérébraux »[4].

Schlick pose la question de savoir, en raison même de ces contradictions de localisation, comment l'on en est venu à se représenter un processus cérébral comme une sensation. Schlick utilise une analyse du langage, et

1. *Ibid.*, p. 51.
2. M. Schlick, *Théorie générale de la connaissance*, Paris, Gallimard, 2009, p. 40.
3. *Ibid.*, p. 408.
4. *Ibid.*, p. 412.

notamment de la notion de lieu, « car nous savions qu'il faut entendre par « lieu » quelque chose de totalement différent, selon que le mot se rapporte au psychique immédiatement donné ou au monde objectif »[1]. Pour cette erreur, Schlick se réfère ici à Richard Avenarius, considéré comme le fondateur de l'empiriocriticisme, une théorie épistémologique à laquelle se ralliera aussi Ernst Mach. Cette théorie énonce que l'objectif premier de la philosophie est de développer un « concept naturel du monde » qui repose sur l'expérience pure et s'abstrait de la métaphysique et du matérialisme, abolissant ainsi pour l'individu la différence entre expérience extérieure et intérieure. Avenarius s'appuie sur la biologie et sur les relations entre les sciences physiques et psychologiques pour étayer son raisonnement. Les idées d'Avenarius, développées dans *Kritik der reinen Erfahrung* (*Critique de l'expérience pure*, 1888-1890), sont ici utilisées par Schlick à travers la notion d'« introjection », qui est l'« introduction *(Hineinverlegung)* en l'homme » des choses vues et des sensations. Elle « fait de la partie intégrante du milieu (réel) une partie intégrante de la pensée (idéale) ». Vouloir ainsi introduire des sensations dans l'espace physique du cerveau, ne conduit pas Schlick à la thèse d'Avernarius selon laquelle les qualités psychiques sont quelque chose d'immédiatement donné, de purement et simplement vécu.

Il faut distinguer trois niveaux de réduction chez Schlick :

– le niveau physicaliste de réduction : l'étendue des qualités physiques ;

– le niveau nomologique de réduction : les points communs entre les phénomènes ;

1. *Ibid.*, p. 412.

– le niveau épistémologique de réduction : l'extension.

Schlick ne semble pas recourir à un argument réductionniste au plan de la description du phénomène physique. Ce que lui reproche Popper, c'est de valider la possibilité d'une réduction nomologique entre deux phénomènes décrits différemment parce qu'il aurait un point commun, comme ci-dessous la vitesse de propagation que possèdent les phénomènes électromagnétiques et les phénomènes électriques : « Si l'on n'avait pas connu la vitesse de propagation de la lumière, par exemple, une telle réduction, à ce stade de la recherche, n'aurait pas encore été pensable »[1]. En soutenant la thèse de la coordination univoque contre la théorie du parallélisme psychophysique, Schlick espère lier seulement une partie des éléments psychiques à un seul signe physique.

LA CRITIQUE DE SCHLICK PAR POPPER

Popper est conduit « à une critique incisive du physicalisme tel que, par exemple, Schlick l'avait proposé dans *Allgemeine Erkenntnislehre* »[2]. Popper « doute sérieusement de l'applicabilité générale de l'idéal physicaliste proposé par Schlick »[3]. Le physicalisme méthodologique de Schlick repose sur la thèse qu'une connaissance scientifiquement exacte du psychisme n'est possible que si l'on parvient à corréler les faits psychiques à des concepts physiques : ainsi une psychologie

1. K. Popper, *De la question de la méthode en psychologie de la pensée, op. cit.*, p. 48.
2. D. Antiseri, *La Vienne de Popper*, Paris, P.U.F., 2004, p. 30.
3. *Ibid.*

strictement scientifique se fonde sur une méthode de réduction de la psychologie à une physiologie du cerveau. Ce que conteste Popper, anticipant sur le critère de la falsifiabilité, à Schlick, c'est sa prédiction théorique selon laquelle un renoncement à cette psychologie scientifique serait prématuré; le progrès de la science psychologique, la psychologie physiologique, sera le dernier terme d'une explication physique. Si Popper est d'accord avec Schlick sur l'insuffisance de la méthode pure de l'introspection, thème constant également chez Feigl comme nous le verrons dans le prochain chapitre, il n'en réclame pas, quant à lui, l'abandon complet.

Après cette impossibilité de renoncer à la psychologie physiologique, Popper critique le concept de connaissance complète de Schlick selon lequel le système conceptuel quantitatif de la physique pourrait rendre compte de toutes les différences qualitatives. Popper précise comment le postulat d'une connaissance complète du psychisme est sous-tendu de « ce rigorisme physique caractéristique. Il me semble que c'est la croyance inconditionnelle du chercheur naturaliste à la science naturelle »[1]. L'unité de la connaissance, fournie par la connaissance de la nature, vaudrait autant dans les sciences de l'esprit. Mais, contre ce physicalisme universel, Popper se demande si la connaissance quantitative peut être conçue comme l'idéal de connaissance en particulier pour les sciences biologiques et pour la psychologie.

A cette critique gnoséologique, Popper ajoute un conflit épistémologique entre la réduction à la physique comme idéal de connaissance par excellence et

1. K. Popper, *De la question de la méthode en psychologie de la pensée, op. cit.*, p. 70.

l'intérêt immanent de nombreuses sciences naturelles. Contre ce postulat dogmatique de rendre compte des lois biologiques par des lois physiques, Popper veut affirmer l'irréductibilité des nomologies biologiques à des nomologies physiques. Le travail scientifique tout entier ne doit pas s'adapter à la réduction des nomologies physiques car une réduction réussie de la biologie dans la physique ne serait valable que si nous connaissions précisément la nomologie spécifique.

CONCLUSION

Popper affirme dès lors trois thèses qui vont à l'encontre des conclusions de Schlick. 1) La méthodologie de la psychologie doit pour l'essentiel rester inchangée. 2) La promulgation d'un « ignorabimus prématuré »[1], à qui voudrait poursuivre la méthodologie de la psychologie sans se soumettre à une réduction physicaliste, interdit l'établissement si nécessaire d'une nomologie spécifique de la psychologie. 3) L'orientation de la psychologie dans son projet méthodique doit coordonner par un acte de pensée l'aspect P (physiologique), dépourvu lui-même de signification, à un type de vécu dont il serait le « signe »[2]. Le stade actuel de la biologie n'autoriserait qu'une réduction simpliste de la recherche psychologique.

Popper refuse la déformation des faits psychologiques par les préjugés physicalistes. Il conviendrait d'en rester avec Köhler et Bühler, mais contre Schlick, à la distinction « événement systématisé » et « contexte sémantique » :

---

1. K. Popper, *De la question de la méthode en psychologie de la pensée, op. cit.*, p. 71.

2. K. Popper, *De la question de la méthode en psychologie de la pensée, op. cit.*, p. 89.

les connaissances de nomologies psychiques doivent
être premières par rapport à la surestimation des théories
physiologiques. Popper s'interdit toute réduction aussi
bien à un biologisme radical qu'à un physicalisme
des nomologies psychologiques. Il refuse d'établir un
parallélisme *a priori* mais accepterait de le constater *a
posteriori* « La considération psychophysique doit entrer
en propre, en tant qu'« aspect physiologique » (P) en
psychologie, car l'hypothèse selon laquelle l'aspect de
l'expérience vécue (V) et l'aspect physiologique (P)
peuvent par principe se remplacer l'un l'autre en tant
qu'ils sont constamment parallèles peut au mieux se
vérifier *a posteriori* »[1].

---

1. K. Popper, *De la question de la méthode en psychologie de la
pensée, op. cit.*, p. 72.

Chapitre III

IDENTITÉ EMPIRIQUE DU CERVEAU-ESPRIT
L'APPORT DE FEIGL À LA PHÉNOMÉNOLOGIE NEUROCOGNITIVE [1]

> *Je n'essaie pas de faire de la neurophysiologie de salon. Tout ce que je peux souligner, c'est que l'on peut concevoir des modèles qui nous permettraient de supprimer les obstacles qui surgissent à cause des disparités entre l'unité phénoménale et la multiplicité physique[2].*

Selon Werner Heisenberg, « le fait important est finalement […] que toute étude des pensées ou des processus du cerveau perturbe justement plus ou moins fortement le processus qui est à étudier. Toute influence électrique du cerveau aura pour conséquence des pensées, des actes de volonté, des mouvements du corps, et tout acte qui consiste à poursuivre une pensée doit provoquer des processus électriques et chimiques dans le

---

1. Ce texte est une reprise du chapitre « Herbert Feigl, fondateur de la phénoménologie neurocognitive », publié dans B. Andrieu (dir.), *Herbert Feigl. De la physique au mental*, Paris, Vrin, 2006.

2. H. Feigl, *Le « mental » et le « physique »*, trad. fr. C. Lafon, B. Andrieu, Paris, L'Harmattan, 2002, p. 132-188.

cerveau. » [1]. Le paradoxe de Werner Heisenberg interdit de saisir le cerveau comme un objet séparé de la pensée qui le modélise, puisque le cerveau est la condition matérielle de la pensée. Comment la pensée pourrait connaître ce qui lui permet de penser ? La connaissance que nous avons de notre cerveau, comme de notre univers, est le reflet des possibilités représentationnelles de notre pensée, l'évolution du cerveau humain suffirait à le prouver. Si le cerveau est ce qui rend possible notre représentation du monde, celle-ci représente-t-elle le monde réel ou le monde pensé par un cerveau limité [2] ?

Le cerveau se voit-il en train de penser ? Que voit-il ? La pensée peut-elle penser son propre cerveau, dont elle dépend ? Si l'on s'en tient à l'objectivité neuroscientifique des états cérébraux visibles en imagerie, le cerveau pensant ne voit que des séries de réseaux neuronaux, des images recomposant son activité calorifique et les transmissions de neurotransmetteurs sous la forme d'un état neurobiologique, l'idéation est invisible dans sa forme mais matérialisée dans son fondement neurobiologique. La cérébroscopie et l'hétérocérobroscopie utilisent un raisonnement inductif en attribuant à telles séries neuroniques ou réseaux tel état mental. Le repérage des lésions neuropathologiques resserre chaque jour un peu plus l'écart entre l'induction fonctionnelle normale du

---

1. W. Heisenberg, 1942, *Le manuscrit de 1942*, Paris, Éditions Allia, 2003, p. 117.

2. C'est la thèse défendue par J.-P. Changeux : « Tout ouvrage de réflexion sur le cerveau se trouve indéniablement limité à la fois par la "disposition" du cerveau de celui qui l'écrit. Le lecteur jugera de lui-même si les théories proposées dans ce livre s'appliquent ou non au cerveau de l'auteur », voir le chapitre IX de *L'Homme neuronal*, Paris, Fayard, 1983, p. 332.

cerveau à la pensée et les connaissances acquises sur les dysfonctionnements neurocognitifs.

Stéphane Ferret souligne pourtant l'équivocité du concept d'identité[1] : a) l'identité numérique selon laquelle A conserve son unité, son homogénéité, sa permanence (l'état mental appartiendrait à la même pensée quel que soit la modification de son intensité) ; b) l'identité qualitative entre deux particuliers A et B (A : la pensée et B : son cerveau, le cerveau et sa pensée, un état mental et un état neuronal) ; c) l'identité spécifique ou sortale qui réunit sous une même catégorie d'espèce ou de genre des particuliers numériquement différents (la perception, le langage sous le concept de cerveau). Les thèses physicalistes portent sur b et c.

Car deux thèses ici s'affrontent. Celle de Clément Rosset, pour qui l'identité personnelle n'existe pas ; la vaine recherche de soi-même entretenant le sentiment de l'unité du moi, d'un moi-même alors que le moi est social, défini par nos positions, nos attitudes, nos rôles et nos désignations avec, par et pour les autres. Refuser d'être ce moi social en se construisant c'est définir une connaissance de soi sur l'aménagement et le dessin personnalisé de chaque partie de son corps. Comme ce corps est à moi, ce corps est moi. La seconde thèse, analysée par Stéphane Ferret, reprend l'énigme du bateau de Thésée : la recomposition formelle du bateau fait penser que nous changeons du pareil au même. Mais le corps humain n'est pas un simple objet qui n'engendre pas d'identité individuée et ne possède pas

---

1. S. Ferret, *Le philosophe et son scalpel. Le problème de l'identité personnelle*, Paris, Minuit, 1993, p. 14 ; *L'identité*, Corpus-Flammarion, 1998, p. 11-42.

de principes persistants en lui-même, le bateau dépend de son concepteur. Or précisément dans le cas du corps humain la matière est la condition de l'esprit qui change et réciproquement.

IDENTITÉ EMPIRIQUE ET DOUBLE LANGAGE

Herbert Feigl établit une hiérarchie entre trois types d'identité : l'identité logique, l'identité théorique et l'identité nomologique. En 1956, Feigl écrit : « Comme vous le savez, je suis très soucieux de formuler une version cohérente et synoptiquement adéquate de la théorie de l'identité »[1]. Ainsi « le fait que ce que je connais par expérience, comme les sensations brutes de mes sensations, humeurs, sentiments ou émotions etc., soit en corrélation avec les états cérébraux est une question de découverte empirique. Pourtant si la sorte d'identification (réduction fusion?) qui se produit dans les théories scientifiques est (au moins) une partie de l'histoire de l'identité, alors l'identité théorique (« systémique ») est plus forte que l'identité nomologique mais bien sûr moins forte que l'identité logique »[2].

Plus tard, dans son essai de 1958, *Le mental et le physique*, Feigl interroge les limites du programme physicaliste qui espère parvenir à une identification empirique entre les référents des concepts de la théorie molaire et les référents de certains concepts neuro-physiologiques. En étudiant la relation d'identité comme une relation triadique entre les noms, les descriptions

---

1. H. Feigl, « Conference on Identity Theory, Conférence on Identity Theory 19 décembre 1956 » (H.F. 05-14-04, Tapuscrit, 3 p.), 12 décembre 1956, p. 3.
2. *Ibid.*

et les référents, il défend l'identification empirique des sensations brutes avec les processus neuronaux : « nous pouvons dire que ce que *l'on a vécu par expérience* et (dans le cas d'êtres humains) ce que l'on *sait de la connaissance par expérience* est identique à l'objet du *savoir par description* fourni d'abord par la théorie du comportement molaire, et ceci est identique à son tour à ce que la science neurophysiologique décrit (ou plutôt décrira lorsque des avancées suffisantes le permettront) comme des processus dans le système nerveux central, peut-être plus particulièrement dans le cortex cérébral » [1]. L'identification empirique, à la différence du matérialisme éliminativisme, s'effectue entre les référents de certains concepts et non pas entre des éléments matériels qui seraient indiscernables. L'identification entre les états mentaux et certains termes du langage neurophysiologique doit être justifiée empiriquement : c'est-à-dire qu'un double accès, correspondant à une double connaissance, à l'identité du mental/neuronal s'inscrit dans une théorie du double langage, non au sens dualiste du terme mais au sens d'une corrélation statistique entre deux domaines de preuves.

Feigl défend la thèse que « le caractère empirique de l'identification repose sur les équivalences ou les implications extensionnelles entre les énoncés concernant les preuves comportementales et neurophysiologiques » [2]. Si dans le futur un physiologue possédait un compte rendu microphysique complet capable de formuler l'identité empirique en langage neurophysiologique, cette équivalence pourrait transformer l'identité empi-

1. H. Feigl, *Le « mental » et le « physique »*, *op. cit.*, p. 165.
2. *Ibid.*, p. 167.

rique en identification scientifique. Le paradigme de l'identité du mental et du neuronal ne peut être celui de l'identification des objets/stimuli car il convient de distinguer « le *denotatum* d'un processus cérébral d'un genre spécifié avec l'apparence de la matière grise du cerveau telle qu'on la perçoit en regardant un crâne ouvert »[1]. Fidèle à l'empirisme logique, plutôt qu'au positivisme réductionniste, Feigl estime qu'une véritable spécification du sens des termes empiriques ne peut être atteinte que par une combinaison de règles sémantiques, syntaxiques et pragmatiques ; mais la synonymie empirique des termes, qui fonde une théorie de l'identité comme celle des indiscernables de Leibniz et Russell, « ne permet pas *a fortiori* la substitutivité dans des contextes pragmatiques »[2]. L'identité empirique défendue est plus faible que l'identité logique mais plus forte que l'identité empirique accidentelle, car elle reconnaît que « la co-référence d'un terme phénoménal avec un terme neurophysiologique est conçue comme quelque chose de plus qu'une simple équivalence exten-sionnelle... l'inférence à partir d'un état neural de ses sensations brutes « en corrélation » est alors au moins aussi « nécessaire » (bien que pas entièrement déductible) que l'est l'inférence à partir par exemple de la structure atomique d'un composé chimique de ses propriétés chimiques et macrophysiques »[3].

L'identification neurophysiologique, mise en œuvre par un réductionnisme behavioriste est « une erreur de catégorie »[4], car il s'agit d'interpréter, plutôt

1. H. Feigl, *Le « mental » et le « physique »*, *op. cit.*, p. 175.
2. *Ibid.*, p. 185.
3. *Ibid.*, p. 203.
4. *Ibid.*, p. 164.

que d'expliquer ce qui pourra venir des progrès futurs d'une neurobiologie de la conscience, la relation entre les sensations brutes et les processus neuronaux. Afin de nuancer sa position précédente sur le double langage, et se différencier de la théorie du double aspect, Feigl préfère plutôt parler « de double accès ou de double connaissance »[1]. Cette duplicité n'est pas un dédoublement d'une même entité empirique, mais la conséquence de l'impossibilité d'une simultanéité gnoséologique entre l'événement neuronal et l'événement mental. L'identité empirique garantit que cette non-simultanéité gnoséologique, qui a pu produire les théories de la corrélation et du parallélisme, repose sur un vécu phénoménologique cognitif toujours second et retardé par rapport à la production neuronale de sa cause. Les sciences naturelles, aujourd'hui les neurosciences cognitives, reposent sur le postulat d'une identité théorique vérifiable des deux descriptions des données phénoménales et des données neurophysiologiques. Mais ces preuves histologiques qui certifieraient le caractère réel et non plus théorique de l'identité s'inscrivent dans une description moniste. Seulement l'identité entre les concepts mentaux et les concepts neurophysiologiques est la seule qui peut être décrite logiquement, faute d'une science unique et exhaustive de l'identité moniste.

Aucune « barrière ontologique »[2] ne devrait être dressée, en raison de cette limite gnoséologique de l'identité conceptuelle qui empêche l'identification des référents des termes subjectifs aux référents de certains termes objectifs. Feigl ne doute pas du monisme en

1. *Ibid.*, p. 166.
2. *Ibid.*, p. 168.

attribuant aux processus neuronaux une causalité stricte
de tous les événements phénoménologiquement perçus
par le sujet. Si la connaissance par expérience concerne
bien les contenus et les *qualia* de l'existence, alors il faut à
la fois reconnaître qu'il « s'agit bien d'un contenu donné
dans le cas de certains processus neurophysiologiques
spécifiables »[1] ; mais que « dans une grande majorité des
cas, le contenu qualitatif des référents des descriptions
physiques n'est pas « donné » c'est-à-dire qu'il ne fait
pas partie d'un champ phénoménal »[2]. Il faut donc
supposer une grande partie invisible, mais non nouménale
des processus neurophysiologiques, dont l'activité
mentale subit les effets sans être capable d'en faire une
description phénoménologique. La thèse phénoménaliste
de la traduisibilité des énoncés concernant des objets
physiques en énoncés de données est insoutenable
car une telle exhaustivité reposerait sur la possibilité
d'établir terme à terme une identité entre objet physique
et énoncés. Feigl, et Carnap le lui reprochera, veut en
rester à « une reconstruction explicite des relations nomologiques (et non purement logiques) entre les data et les
illata. Cela reste de l'analyse conceptuelle car elle retrace
les relations entre les concepts des Objets/stimuli et les
concepts rattachés aux processus centraux (mentaux et
corticaux) dans les organismes qui perçoivent »[3]. Pour
autant, Donald Davidson y voit une anticipation à son
monisme anomal[4], Feigl ne défendant pas un monisme
nomologique, dans la mesure où par la reconstruction

1. H. Feigl, *Le « mental » et le « physique »*, *op. cit.*, p. 171.
2. *Ibid.*
3. *Ibid.*, p. 173.
4. D. Davidson, *Actions et Événements*, trad. fr. P. Engel, Paris,
P.U.F., 1993.

conceptuelle, qui n'établit pas deux preuves pour une seule et même entité, nous identifions la donnée « au processus physique que nous posons comme un *illatum* dont l'existence est affirmée sur la base de données diverses dans d'autres domaines de preuve » [1]. La réalité est dénotée par les concepts que nous utilisons sans que nous puissions, par la connaissance directe, aller du terme à son *designatum*, du mot « neurone » au neurone.

Ainsi, Feigl précise dans « The Mind-Body Problem in the Development of Logical Empiricism » [2], combien l'empirisme logique aura défendu des règles logiques pour reformuler l'identité ou la théorie du double langage du mental et du physique : « L'identité proposée n'est ni celle de la définition réductrice du phénoménalisme ou du béhaviorisme, ni celle qui présuppose un réalisme métaphysique. C'est plutôt l'identité hypothétique des référents des termes dont les bases probantes sont respectivement : introspective, comportementale ou physiologique. Il est acquis que les relations entre les indicateurs de preuve (réponses linguistiques, comportement direct, et données neurophysiologiques) doivent être interprétées comme des lois empiriques. Cela n'exclut pas l'identité de la référence factuelle des concepts, qui caractérisent les événements et processus causaux, dont les termes permettent d'expliquer et prédire de mieux en mieux les faits à l'intérieur de chaque sphère de preuve » (HF 06-17-01, p. 32).

Pourtant Feigl indique par ailleurs, dans ses *Los Angeles Conference* des 18-22 mars 1966 intitulées *Crucial Issues*

1. H. Feigl, *Le « mental » et le « physique »*, *op. cit.*, p. 173.
2. H. Feigl « The Mind-Body Problem in the Development of Logical Empiricism », *Revue internationale de philosophie*, vol. 4, n° 11, 1950, p. 64-83. www.jstor.org/stable/23932369.

of Mind-Body Monism, combien les théories de l'identité ou de l'état central, qui ont été proposées sous des formes variées (depuis les réalistes critiques monistes allemands et américains d'il y a cinquante ans jusqu'aux tentatives récentes de formulations logiquement plus cohérentes en Australie et en Amérique), s'en sont tenues à des variations autour de la thèse de l'épiphénoménalisme. Plutôt qu'une identité empirique, Feigl défend une identité « synthétique », qui ne doit pas être confondue avec une synonymie logique. Il reconnaît, en 1967, à l'heure de la parution en livre de son article 1958 « The "mental" and the "physical" » : « J'ai abandonné toute idée d'une solution par le « double langage » au problème corps-esprit, c'est-à-dire impliquant des règles de traduction purement analytique connectant le Ψ et le Φ »[1]. Feigl précise sa position en 1966 : « Maintenant si « l'identité » en question est empirique, elle est au moins « théorique » ou « systémique » mais pas simplement accidentelle ou nomologique. Il faut comprendre toutes les identités empiriques comme des cas de co-référence (ou co-extensivité) de deux (ou plus) termes à sens différents (intensions) »[2]. Pour autant Feigl ne se résigne pas à un physicalisme radical. Car la prétention à expliquer de manière exhaustive la totalité des choses du monde en termes matériels revient au truisme suivant : « il ne peut rien y avoir dans l'explication physicaliste intersubjective du monde qui ne soit pas physicaliste intersubjectif »[3].

---

1. H. Feigl, *Crucial Issues of Mind-Body Monism (Outline)*, Los Angeles Conference, 18-22 mars 1966, p. 4.
2. *Ibid.*, p. 5
3. *Ibid.*

Feigl se doit, dès lors qu'il refuse le physicalisme radical, d'expliquer sa conception non physicaliste de la subjectivité, de la *priveté* et les qualités des sensations brutes. Il maintient pour cela une théorie de l'identité entre le mental et le physique sans parvenir à l'établir par une description interne des processus neurobiologiques : « Il ne semble pas qu'il y ait d'explication toute prête de la différence de « grain » entre la continuité phéno-ménale (par exemple d'une étendue de couleur unie ou de l'homogénéité d'un ton musical) et la structure atomique des processus cérébraux « correspondants ». Il devrait être clair que la formulation de l'identité (dont la vérification dépend de la confirmation empirique) n'est valable que dans des contextes extensionnels. Tout comme toute autre identité logiquement contingente il ne faut pas s'attendre à ce qu'elle détienne la *salva veritate* dans tous les contextes intensionnels » [1]. Cela lui permet de sauver une explication physicaliste intersubjective du monde dans la mesure où l'identité mental-physique n'est pas nécessaire pour que deux individus puissent éprouver à travers le langage les mêmes sensations, dont il est postulé l'identité neurophysiologique. Le physicalisme intersubjectif n'implique pas une identité matérielle car elle reconnaît la différence de *priveté*.

Feigl reconnaît, dans sa conférence « Reduction of Psychology to Neurophysiology » à la section L du Congrès de *The American Association for the Advancement of Science* à Denvers, le 29 décembre 1961, n'être ni un psychologue, ni un physiologue [2].

1. H. Feigl, *Some crucial Issues of Mind-Body Monism*, tapuscrit, p. 20.

2. H. Feigl, « Reduction of Psychology to Neurophysiology ? », Symposium *The American Association for the Advancement of Science*,

Le but d'une réduction réussie n'est pas de faire des « identifications des concepts mais des référents »[1]. Ainsi « il n'est pas prématuré de dire que quelle que soit la théorie neurophysiologiste satisfaisante, il faudra qu'elle parvienne à une réduction et qu'il soit ainsi possible d'identifier les référents des divers concepts psychologiques « macro » ou « molaires » de la mémoire avec les référents des micro-concepts de la neurophysiologie correspondants »[2]. L'explication psychologique ne sera donc jamais à éliminer en tant que telle : « Même si nous avions une théorie neurophysiologique satisfaisante, cela ne rendrait pas la recherche psychologique superflue. Même une théorie neurophysiologique parfaite ne nous fournirait que des explications de principe »[3].

L'introspection et le concept empirique d'expérience individuelle et privée ne sont pas un obstacle à la réduction de la psychologie à la neurophysiologie, comme l'affirme le physicalisme radical. L'expérience privée est « la simple conséquence du fait fondamental que les cerveaux des gens numériquement différents sont localisés dans des organismes numériquement différents et non interconnectés par des fibres nerveuses »[4]. La description des excitations nerveuses relève d'un modèle hautement complexe si bien que « même si une partie du cerveau « scanne » le processus d'une autre, le résultat du *scanning* lui-même est encore un modèle hautement

Section L, Université de Pittsburg, Denver, 29 décembre 1961, p. 1.

1. H. Feigl, « Reduction of Psychology to Neurophysiology ? », *op. cit.*, p. 13.

2. *Ibid.*, p. 15.

3. *Ibid.*, p. 16.

4. *Ibid.*

complexe d'événements neuronaux »[1]. Les difficultés logiques d'une solution moniste à la relation du mental et du physique ne sont donc pas insurmontables dès lors que la distinction entre les référents psychologiques et les référents physiologiques est décrite dans un modèle complexe de micro-réductions.

Pour confirmer l'identité empirique entre les données neuronales et mentales, il faudrait constater des régularités empiriques entre les deux.

L'autocérébroscopie pourrait justement observer en même temps l'introspection de ses qualia et l'image visuelle sur un écran de ses propres courants nerveux cérébraux. Le changement des formes visibles, selon une interprétation réaliste, serait la preuve d'un isomorphisme entre la modification perçue de ses qualia et la mobilité des processus neuronaux : « Selon la thèse de l'identité, les qualia et configurations directement ressenties sont les réalités elles-mêmes qui sont dénotées par les descriptions neurophysiologiques. Cette identification des dénotata est donc empirique. Et la preuve la plus directe que l'on peut obtenir serait celle des régularités observables à l'aide d'une autocérébroscopie »[2].

L'accès à une transparence et à une correspondance terme à terme dans l'identité serait le postulat d'une physiologie psychologique. Or trois principes interdisent la réalisation de ce postulat positiviste. Le principe de reconstruction perceptif, tout d'abord, par lequel l'identité empirique entre les données vécues et les données neuro-physiques ne peut être que conceptuelle si bien que ce que nous percevons de cette identité est moindre, affaiblie et

1. *Ibid.*, p. 21.
2. H. Feigl, *Le « mental » et le « physique »*, *op. cit.*, p. 178.

partielle. L'*illatum* est toujours inférieur au *designatum*. « Le savoir de la connaissance par expérience des seuls champs phénoménaux ne peut donner que quelques fils du réseau nomologique complet des concepts neuro-physiologiques que nécessite l'explication du comporte-ment molaire »[1]. « L'identification est donc restreinte »[2] dans la mesure où les corrections sensations-brutes/processus neuronaux. De plus la valeur sémantique des concepts neurophysiologique est supérieure et plus intense que les concepts phénoménaux. Le principe de non-simultanéité réflexive également, car « l'autocéré-broscopiste ne peut jamais se rattraper »[3]. Ce paradoxe du point aveugle repose sur le fait que je suis en train de voir ce qui me permet de me voir en train de me voir. L'identité empirique (I.E.), à la différence de l'identité physiologique (I.P.), passe à travers le vécu perceptif du sujet connaissant. Cet écart entre I.E. acquise par la connaissance par expérience et I.P. établie par l'expérimentation neuroscientifique rend impossible une exhaustivité et une transparence des données mentales et des données neuronales. Mais la quantité, l'intensité et la qualité des données neurologiques sont supérieures à la capacité réceptrice du sujet perceptif, si bien que son I.E est inférieure à I.P. mais jamais I.E = I.P. Le progrès neurophysiologique de l'imagerie cérébrale ne peut donc pas parvenir à I.E = I.P car la structure perceptive de I.E. maintient toute connaissance de I.P. en une connaissance par expérience.

1. H. Feigl, *Le « mental » et le « physique »*, *op. cit.*, p. 178-179.
2. *Ibid.*, p. 179.
3. H. Feigl, *The Compleat Autocerebroscopist*, 5 avril 1954 (notre traduction).

Enfin, le principe d'illusion mentale des aspects configurationnels du cerveau dans le champ phénoménal par lequel la pensée oublie le premier principe en adhérant à la reconstruction partielle perceptive comme une réalité mentale holistique séparée de la structure physique du cerveau. Ce degré d'illusion en la réalité de l'état mental repose sur une confusion entre la configuration phénoménale et la structure physique réelle. Les impressions vécues dans le champ phénoménal produisent un degré de croyance subjective qui fait accroire en l'exhaustivité causale du troisième principe. P3 est une illusion mentale si P1 et P2 ne sont pas maintenus par le sujet comme référent de la possibilité de P3 : (P1 + P2) = P3. L'autocérébroscopie produirait P3 dans sa plénitude mentale si l'on a la connaissance physique des états neuronaux et la connaissance restreinte de sa configuration phénoménale en une connaissance exhaustive de la relation EM/EN. P3, qui ne met pas entre parenthèses P1 et P2, n'oublie pas que l'autocérébroscopie est une structure secondaire par rapport à la donnée primaire, c'est-à-dire un mode de connaissance plutôt qu'un mode de la réalité physique. Pourtant pour Feigl le langage physique sous-jacent et déterminant, celui de la reconstruction physique, doit être purgé des termes de la reconstruction conceptuelle à partir des configurations phénoménales : « Le langage physique au moyen duquel nous parlons de processus cérébraux, une fois complètement purgés de ces connotations imagées (habituelles), possède en général des denotata qui sont inconnues sur le plan de l'expérience – « non vécues » serait un mot moins trompeur… Une fois que l'on aura pris conscience du caractère « structurant » du

langage de la physique, rien ne fera obstacle à la sorte de
théorie de l'identité… »[1].

L'AUTOCÉRÉBROSCOPIE : LE CERVEAU SE PENSANT
OU LA PENSÉE SE VOYANT CÉRÉBRÉE

Critiquant aussi le parallélisme psychophysiologique,
Feigl n'en attendrait qu'un « dictionnaire psycho-
physiologique (utopique bien sûr) qui nous permettrait de
traduire le mental en physique et inversement »[2]. Pourtant
le lien entre neurophysiologie et phénoménologie ne lui
paraît pas contraire aux exigences d'une méthodologie
empiriste : « De la même façon, il est concevable qu'un
processus cérébral, que la neurophysiologie future pourrait
caractériser comme un type défini, puisse être associé
avec une expérience immédiate décrite phénoménologiquement d'un type radicalement différent de celui
avec lequel par le fait de la régularité empiriquement il
est vraiment associé »[3]. Le lien entre phénoménologie et
neurophysiologie ne redéfinit pas seulement la frontière
entre les disciplines ; car la définition de la subjectivité
n'est plus celle d'un vécu personnel et inobjectivable.

L'autocérébroscopie a d'abord été le moyen pour
l'empirisme de résoudre le paradoxe de la traduisibilité
des énoncés concernant les objets physiques en énoncés
concernant les données phénoménales : « La « situation
de base » de la relation corps-esprit était identifiée
au parallélisme des données dont une personne ferait
l'expérience s'il devait observer au moyen d'un

---

1. H. Feigl, *The Compleat Autocerebroscopist*, 5 avril 1954 (notre
traduction).

2. H. Feigl, *Feigl Course, Mind-Body Problem*, p. 5.

3. *Ibid.*, p. 9.

« cérébroscope » ses propres processus cérébraux en même temps que le courant d'images ou de sensations qui « correspondent » à ces processus cérébraux. Mais les difficultés internes de la reconstruction strictement phénoménaliste furent vite reconnues »[1].

Le 5 avril 1954, Feigl prononce sa conférence intitulée « L'Autocérébroscopiste complet » afin de décrire la possibilité d'appréhender en même temps les états cérébraux et les états mentaux correspondants. Se référant à A. Riehl, M. Planck et K. Hutten, qui estimaient que les états et les activités de leur propre conscience n'étaient pas des processus cérébraux sur le critère réel-possible, Feigl revient sur cette critique du parallélisme des événements psychiques avec leurs correspondants physiques. Cette différence de critère entre le réel et le possible reste valable pour l'autocérébroscope.

Plusieurs langages permettent de décrire l'autocérébroscopie :

1) Le langage de l'imagerie cérébrale : « ce gadget fantastique procurera une vue de notre propre cerveau sur grand écran montrant toutes les configurations des décharges de neurones »[2].

2) Le langage de la psycho-physiologie : « Les processus cérébraux tels que le neurophysiologiste les conçoit, ou finalement le physicien (que cela soit en terme Physique 1 ou Physique 2) sont bien sûr inférés sur la base d'impressions telles qu'elles sont données dans le champ phénoménal de l'autocérébroscopiste. Le cerveau et ses processus sont bien plus que ces

---

1. H. Feigl, *The Mind-Body Problem in the Development of Logical Empiricism*, p. 7-8.
2. H. Feigl, *The Compleat Autocerebroscopist*, *op. cit.*, p. 2.

aspects configurationnels qui correspondent (je dirais : sont systémiquement identiques) aux sensations brutes (désignées en termes du langage phénoménal). Le langage physique, au moyen duquel nous parlons des processus cérébraux, une fois entièrement purgé de ces connotations picturales (habituelles), a en général des *denotata* qui sont inconnues par expérience (connaissance par expérience) – « non vécu » serait un mot moins trompeur ; sauf dans le cas où le cerveau concerné est le mien pendant une période d'activités éveillées (ou au moins de rêve) »[1].

En 1958, Feigl met l'accent sur le langage d'une phénoménologie neurophysiologique de l'introspection : « La confirmation directe la plus concevable devrait être exécutée à l'aide d'un autocérébroscope. Nous pouvons imaginer un « autocérébroscopiste complet » qui tout en prêtant attention introspectivement à son sentiment grandissant de colère (ou d'amour, de haine, d'embarras, d'exultation, ou à l'air qu'il entend, etc.), observerait en même temps l'« image » visuelle très agrandie sur un écran de ses propres courants nerveux cérébraux. (J'ai conçu ce petit morceau de science-fiction en analogie au fluoroscope qui permet à une personne d'observer l'action de son propre cœur par exemple) ». Dans la ligne de l'interprétation réaliste proposée, il prendrait les formes changeantes visibles sur l'écran pour preuve des processus de son propre cerveau. Acceptant le noyau empirique du parallélisme ou isomorphisme, il trouverait qu'un « crescendo » dans sa colère – ou dans la mélodie qu'il entend – correspondrait à un « crescendo » dans les processus corticaux en corrélation. (De même pour les

---

1. H. Feigl, *The Compleat Autocerebroscopist*, op. cit., p. 2.

« accelerandos », les « ritardandos », etc. Les expériences d'Adrian et de Mc Culloch semblent avoir démontré un isomorphisme étonnement simple des formes des figures géométriques dans le domaine visuel avec les schémas des potentiels électriques mis en œuvre dans le lobe occipital du cortex). Selon la thèse de l'identité, les *qualia* et configurations directement ressenties sont les réalités elles-mêmes qui sont dénotées par les descriptions neurophysiologiques. Cette identification des *denotata* est donc *empirique*. Et la preuve la plus directe que l'on peut obtenir serait celle des régularités observables à l'aide d'un autocérébroscope.

L'autocérébroscopie se distingue de l'imagerie cérébrale *in vivo* par sa finalité. Pour Feigl, il s'agit de joindre à l'objectif d'introspection un outil d'évaluation scientifique des états mentaux produits au moment même de la pensée. Mais l'autocérébroscopie suppose une disposition du sujet cognitif à convertir les séries neuroniques en états mentaux vécus. Il étalonne au fur et à mesure une connaissance analogique en établissant une correspondance entre un État mental 1 (EM1) et un État Neuronal 1 (EN1) affirmant par là un lien de cause à effet ou la matérialisation de la forme idéelle. Se voir en train de penser n'est pas identique à voir la matière cérébrale qui produit sa pensée. Se voir en train de penser repose sur un dédoublement réflexif dont la matérialité neuronique voudrait être le miroir. Mais ce miroir déforme c'est-à-dire déconstruit la forme idéelle en la rendant visible dans la matière.

L'IDENTITÉ VÉCUE DU MENTAL :
UNE PHÉNOMÉNOLOGIE NEUROBIOLOGIQUE

Nous défendons la thèse que le cerveau n'est pas un organe objectif qui serait séparé de la vie du corps, c'est-à-dire de sa constitution, de son métabolisme et de son adaptation au milieu [1]. Vivant, le cerveau se modifie sans cesse tant dans son organisation que dans sa spécialisation. Plutôt que d'être un récepteur simple, le cerveau est soumis à ses possibilités de plasticité et de réadaptation [2] : cette mobilité des réseaux neuronaux dynamise le cerveau tant dans la qualité de ses états mentaux que dans la communication des neurotransmetteurs. Déterminé par des facteurs génétiques, au cours de son développement et dans ses régulations, le cerveau n'est pas libre [3] : le cerveau doit trouver une homéostasie neurofonctionnelle en synthétisant la contradiction entre la part des gènes [4] et la part de l'histoire. Cette synthèse, nous proposons de la désigner sous le terme de la chair du cerveau. En phénoménologie [5] aucun concept n'a de signification biologique car il décrit la constitution subjective.

L'interaction entre le cerveau-corps-esprit et le monde est biosubjective. Le cerveau est construit, à partir d'un certain degré de développement lors sa

1. B. Andrieu, *La chair du cerveau. Phénoménologie et biologie de la cognition*, Liège, Éditions Sils Maria, 2002.

2. M. Jeannerod, H. Hecaen, *Adaptation et restauration des fonctions nerveuses*, Villeurbanne, Simep, 1979.

3. P. Karli, *Le cerveau et la liberté*, Paris, Odile Jacob, 1995, p. 55-88.

4. M. Morange, *La part des gènes*, Paris, Odile Jacob, 1998.

5. R. Barbaras, *Le tournant de l'expérience. Recherches sur la philosophie de Merleau-Ponty*, Paris, Vrin, 1998, p. 95-136.

formation intra-utérine, par l'interaction du corps[1] avec son environnement. L'expérience intime et privée du mental, même s'il s'agit d'une illusion produite par l'état neurobiologique de notre cerveau, est vécue par le sujet comme une dimension réelle; il ne peut prendre conscience, mais seulement prendre connaissance *in alio* par l'imagerie *in vivo*, de l'état, l'intensité et l'orientation de la cause neuronale ; car l'état mental occupe son esprit et le vécu phénoménologique est radicalement différent pour la subjectivité de sa cause neurologique. Cette différence entre l'effet mental et sa cause est vécue subjectivement, alors qu'objectivement l'imagerie cérébrale indique des zones, réseaux et niveaux d'activité. Les neurosciences cognitives décrivent la causalité neuronale des activités mentales selon un principe nomologique EN détermine EM. La phénoménologie traditionnelle refuse de décrire le mental hors du champ de la conscience confirmant ainsi son alliance avec le cognitivisme le plus pur[2]. Notre phénoménologie neurocognitive repose sur trois principes :

1) *Un principe de cécité causale du mental* : la pensée est déterminée en aveugle par une action du cerveau dont elle subit l'effet sans pouvoir en qualifier ou en localiser la cause autrement que par le truchement technique de l'imagerie *in vivo*. Si tout EM renvoie à un EN comme

---

1. B. Andrieu, *Le somaphore. Naissance du sujet corporel*, Liège, Éditions Sils Maria, 2003.
2. H. L. Dreyfus, « Husserl et les sciences cognitives », *Les Études philosophiques*, janv-mars, n° Phénoménologie et psychologie cognitives : « L'essentiel pour la psychologie phénoménologique, c'est qu'il y ait un domaine autonome dont l'opération comme règle puisse être comprise sans faire référence à l'activité du cerveau... », 1991, p. 15.

à sa détermination physique, la corrélation est invisible pour la pensée. Le cerveau va plus vite que la pensée et beaucoup de processus intellectuels et affectifs se déroulent à notre insu, des décisions sont prises en dehors de toutes délibérations conscientes[1]. Le sommeil et l'activité du rêve, l'automatisme cérébral et les processus de décision sont des arguments en faveur du principe de cécité causal. Car le cerveau ne peut être décrit comme un viscère ou un organe simplement physique; ce serait refuser au cerveau sa capacité à traiter les informations et à produire des réponses neurocognitives. Un cerveau sans pensée serait soit un cerveau comateux : le coma limite l'activité du cerveau à une végétation. Le cerveau endormi, les travaux d'Auguste Liebeault sur le sommeil et la mémoire[2], n'interdit pas l'activité mentale. La démonstration électrophysiologique d'une activité onirique indique déjà, à travers la thèse de l'individuation psychologique, que le cerveau endormi pense inconsciemment ses contenus mentaux diurnes pour reprogrammer son identité historique par rapport au programme génétique[3]. Cette activité inconsciente[4] repose sur un automatisme cérébral; la découverte du

1. M. Jeannerod, *Le cerveau intime*, Paris, Odile Jacob, 2002, p. 181.

2. « La mémoire est cette propriété qu'a le cerveau, à l'aide de l'attention, de conserver les empreintes des perceptions », A. A. Liébeault, *Du sommeil et des états analogues considérés surtout au point de vue de l'action du moral sur le physique*, Paris, Victor Masson, 1866, p. 8.

3. J. Allan Hobson, *Le cerveau rêvant*, Paris, Gallimard, 1992, p. 169-180; C. Debru, *La neurophilosophie du rêve*, Paris, Gallimard, 1990, p. 141-159; M. Jouvet, *Le sommeil et le rêve*, Paris, Odile Jacob, 1992, p. 171-200.

4. M. Gauchet, *L'inconscient cérébral*, Paris, Seuil, 1992, p. 41-83.

mouvement réflexe avait dissocié les notions de cerveau et centre sensori-moteurs[1]. Thomas Willis considère le cerveau comme ce qui préside aux activités volontaires et le cervelet aux fonctions naturelles[2]. La fonction réflexe produit l'automatisme de la réaction sans que l'inconscience soit nécessaire, car la réflexion est ici celle de l'influx nerveux.

2) *Un principe de non-simultanéité* : La pensée ne saisit l'état de son cerveau qu'après coup, rendant l'autocérébroscopie (voir Feigl, Churchland, Dennett, Libet) comme une connaissance sans transparence et structurellement inadéquate. L'autocérébroscopie suppose une disposition du sujet cognitif à convertir les séries neuroniques en états mentaux vécus par son corps. Il étalonne au fur et à mesure une connaissance analogique en établissant une correspondance entre un État Mental 1 (EM1) et un État Neuronal 1 (EN1) affirmant par là un lien de cause à effet ou la matérialisation de la forme idéelle. Se voir en train de penser n'est pas identique à voir la matière cérébrale qui produit sa pensée. Se voir en train de penser repose sur un dédoublement réflexif dont la matérialité neuronique voudrait être le miroir. Mais ce miroir déforme c'est-à-dire déconstruit la forme idéelle en la rendant visible dans la matière de notre corps, comme le prouve l'imagerie in vivo. Il convient de distinguer la représentation subjective de la description objective de la matière du corps pensant. Non que la

---

1. G. Canguilhem, *La formation du concept de réflexe aux XVIIe et XVIIIe siècles*, Paris, Vrin, 1977, p. 127.

2. Th. Willis, « De motu musculari. Exercitatio Medico-Physica », *Affectionum hystricae et hypochondrae quae dicuntur*, 1670, trad. fr. R. Poma, P. Mengal, dans B. Andrieu (dir.), *L'invention du cerveau*, Paris, Pocket, 2002, p. 65-75.

représentation subjective soit erronée ou ne puisse rien connaître de la réalité formelle qui l'a produite. Non que la réalité objective de l'idée du corps pensant soit qualitativement imparfaite à la réalité formelle de sa cause, le corps pensant lui-même. Mais l'état mental est une forme synthétique de la dynamique matérielle du corps pensant. Sans cette causalité, elle ne pourrait exister, mais à l'inverse sans l'état mental le corps ne pourrait être pensé. Cette complémentarité fonctionnelle n'introduit pas un saut qualitatif du corps à sa pensée. L'état mental rend le corps pensant tandis que la matière vivante fournit par le moyen du corps la matière à pensée. « Il n'y a personne là-dedans pour les regarder. Il n'y a d'habitude personne pour témoigner des événements qui apparaissent dans votre cerveau, tout comme pour les événements qui se produisent dans votre estomac ou votre foie… En revanche les événements qui se produisent dans la conscience sont « par définition » des événements qui ont un témoin : ils font l'objet d'expériences pour un sujet qui a des expériences »[1].

3) *Un principe de rémanence mentale du neuronal* : La pensée croit en l'autonomie mentale de ses états alors que la durée d'un de ses états est une rémanence mentale d'un état neurobiologique disparu. E.M. 1 produit un contenu subjectivement vécu qui paraît durer au-delà d'EN1 qui l'a pourtant produit. La croyance en cette durée est une illusion de rémanence de EN1 en EM1 alors que le cerveau est déjà en EN2. EN1 a disparu mais EM1 paraît se maintenir dans son intensité et son orientation. Ne pouvant, en raison des principes 1 et 2,

---

1. D. Dennett, *La conscience expliquée*, trad. fr. P. Engel, Paris, Odile Jacob, 1993, p. 45.

s'autocérébroscoper simultanément en EN1 et EM1, la rémanence mentale du neuronal accorde à l'état mental une catégorie spécifique alors que sa constitution dépend physiquement de EN. L'addition des trois principes P1, P2 et P3 définit une phénoménologie neurocognitive à partir d'une différence de degré entre les constituants neurophysiologiques et les constitués mentaux.

CONCLUSION

En distinguant champ phénoménal et champ neurobiologique, identité empirique et identification physique, reconstruction conceptuelle et description neurophysiologique, Feigl ne restaure pas un dualisme, ni une théorie du double aspect. Il reconnaît, en terme phénoménologique, la dimension vécue de la cognition qui produit au sujet pensant l'illusion de son autonomie mentale. En oubliant ses constituants neurophysiologiques, le sujet pensant isole le niveau cognitif des déterminations corporelles de ses contenus mentaux. Feigl défend une identité empirique du cerveau-esprit sans accorder, comme nous le proposons dans notre phénoménologie neurocognitive, au corps un rôle déterminant dans la qualification biosubjective des contenus mentaux.

CHAPITRE IV

LE CERVEAU RÉFLEXIF
SELON RAYMOND RUYER

La physique a été matérialiste,
elle ne l'est plus[1].

Si, avec l'autocérébroscopie, Feigl a pu démontrer l'impossibilité d'une simultanéité entre le corps vivant et le corps vécu, la question d'une langue du corps vivant supposerait que, pour décrire son activité, le cerveau fût capable d'être réflexif : dès lors que la conscience du corps vécu n'est jamais en direct avec son corps vivant, ne faut-il pas supposer au cerveau lui-même une auto-reflexivité ? Le paradoxe des travaux de Raymond Ruyer est d'interroger l'activité interne du cerveau sans tomber dans une naturalisation et une réduction stricte de la conscience à la physique du cerveau.

Car, pour Ruyer, l'objet n'est pas antérieur à la connaissance que nous en prenons. Le réalisme de la structure est bien différent du réalisme de l'objet car il admet que l'objet est « le résidu de l'opération par laquelle nous décomposons une structure pour la connaître par correspondance »[1]. Mais cette structure – Ruyer s'inspire ici de l'indétermination de la causalité de la physique des *quanta* – ne relève plus d'une théorie de l'identité substantielle car elle est indéterminée, discontinue et changeante. Si la connaissance prétend être cosmique, l'examen de la structure du vivant, et en particulier le lien du cerveau avec elle, rend illusoire la possibilité d'une « physiologie » finaliste de la connaissance. La description de la structure du vivant utilise la physiologie scientifique, mais à partir d'une activité cérébrale qui nous détourne de la réalité physique selon le principe de la différence entre le système observateur (le cerveau) et le système observé (la structure physique).

Entre 1930 et 1959, Ruyer propose une théorie de l'identité non réductionniste, sans fonder son néovitalisme sur une théorie de l'émergence cognitive[2]. Son principe constant consiste à fonder l'activité cognitive sur les structures embryonnaires du développement du cerveau. Refusant le dynamisme aristotélicien de la puissance et de l'acte, Ruyer n'en admet pas moins une différence de degré et de niveau entre la structure et la fonction, entre le cerveau organique et la conscience cérébrale. Plutôt que d'accorder au corps le rôle d'un intermédiaire cognitif, il lui attribue un rôle embryogénique et ontogénétique : le cerveau, grâce à sa double face organique et consciente, est toujours structuré par son développement corporel

1. R. Ruyer, « La connaissance comme fait physique », *Revue philosophique*, CXIV, 1932, p. 90.

2. L. Meslet, *La philosophie biologique de Raymond Ruyer, thèse de doctorat de philosophie*, Aix-Marseille II, 1995 ; *Le psychisme et la vie. La philosophie de la nature de Raymond Ruyer*, Paris, L'Harmattan, 2005.

et indéfiniment informé par l'interaction finalisée des organes corporels.

Ainsi la seule nécessité est celle de la réalité physique, si bien que le cerveau est un être au milieu des êtres. Seule son activité mentale produit une réalité cérébrale, qui ne correspond pas à la réalité physique objective : « Notre réalité cérébrale, pourrait-on dire, est de la réalité physique "truquée", elle projette dans l'imagination des propriétés physiques "secondes", qui posent des pseudo-problèmes quand nous nous retournons vers la réalité physique "première" »[1]. La distinction empirique, à la différence de la distinction expérimentale entre les données, ne suffit pas car celles-ci sont fournies par le cerveau. Les psycho-physiologues étudient plus souvent l'écran perceptif produit par leur réalité cérébrale que le moteur organique. Notre corps fournit un groupe de sensations auquel nous donnons le nom de « représentatif » de l'étendue. Si notre organisme est bien en dehors de l'objet étendu, et que l'étendue sensible est réelle par elle-même, alors notre connaissance de l'étendue s'effectue toujours à travers notre réalité mentale. « "Percevoir l'étendue", c'est une façon d'être étendu » nous dit Ruyer[2], mais l'étendue est la véritable chose en soi qui n'est pas connue. Notre cerveau produit une illusion par la perception de l'étendue que nous prenons pour la réalité de l'étendue.

Dès lors, nos sensations sont-elles dans notre tête ou dans la réalité physique ? Au nom de son réalisme et contre Bergson (comme nous le démontrons ci-dessous),

1. R. Ruyer, « La connaissance comme fait physique », *Revue philosophique*, CXIV, 1932, p. 77-104, ici p. 95.
2. R. Ruyer, « Sur une illusion dans les théories philosophiques de l'étendue », *Revue métaphysique*, tome XXXIX, n° 4, 1932, p. 527.

Ruyer défend la thèse que le cerveau réel n'est pas un pur *x* et définit l'image et la sensation comme une partie de la réalité du cerveau. La localisation cérébrale des sensations, établie par le physiologiste, garantit une correspondance et un parallélisme étroit entre la conscience et la sensation. L'illusion est produite par le cerveau qui procure à notre perception une connaissance sensible du monde extérieur à notre corps, que nous prenons pour la réalité physique. Cette illusion naturelle nous cache la véritable nature de l'activité cérébrale. Au cerveau-objet, il convient d'opposer « le cerveau-être, le cerveau existant par lui-même, le cerveau en soi, subjectif, pour dire la même chose en un mot. C'est du cerveau réel, de sa subjectivité, que naissent les sensations »[1].

Ruyer interprète la physique moderne comme la fin du matérialisme, s'opposant ainsi aux interprétations de Louis de Broglie et de Philip Frank[2]. Dans son article « Le problème de la personnalité et la physique moderne »[3],

1. R. Ruyer, « Les sensations sont-elles dans notre tête », *Journal de Psychologie*, 1934, p. 573.

2. Les publications « Le problème de la personnalité et la physique moderne » (1931) et « Le problème de la personnalité et la physique moderne » (1933) dans la *Revue de Synthèse* provoque une série d'articles en réaction à la désubjectivation de la physique et un débat sur le lien entre les sciences de la nature et la psychologie : L. de Broglie, « Réalité physique et idéalisation », *Revue Scientifique*, VIII, 1934, p. 125-132 ; P. Frank, « La physique contemporaine manifeste-t-elle une tendance à réintégrer un élément psychique ? », *Revue Scientifique*, VIII, 1934, p. 133-154 ; A. Burloud, « La psychologie et la seconde dimension du réel », *Revue Scientifique*, VIII, 1934, p. 155-168.

3. R. Ruyer, « Le problème de la personnalité et la physique moderne », *Revue de Synthèse*, I, 1931, p. 67-87. Cet article est précédé, pour cette inaugurale de la *Revue de synthèse*, des trois articles très positivistes de L. Brunswig, « Physique indéterministe et parallélisme psycho-physiologique », *Revue Scientifique*, II, 1931, p. 31-34 ; H. Wallon, « Sciences de la Nature et Sciences de l'Homme,

Ruyer refuse à la fois le matérialisme et le dualisme : d'une part le matérialisme cherche la conscience dans les neurones sans qu'il soit possible de la trouver, d'autre part le dualisme, sous couvert du parallélisme psycho-physiologique, ne parvient pas à décrire la structure physique du monde. Le système nerveux est un système de liaisons qui établit des rapports entre les objets par le moyen de leurs structures. Le cerveau matériel comme tel n'est rien, et ne pourrait rien produire sans la reconstruction de la structure des objets par notre système nerveux. Il y a une continuité réelle entre le monde, notre organisme et notre cortex sans que l'on puisse isoler l'un de l'autre en accordant à la subjectivité une sphère spécifique. Notre conscience du monde correspond à notre cerveau, même si la physiologie cérébrale ne décrit qu'un système de liaisons : sujet et objet sont un même système physique.

Dans son autobiographie, Ruyer présente ses trois descriptions du cerveau :

– *Le cerveau d'une structure.* Dès son premier ouvrage, *Esquisse d'une philosophie de la structure*, publié en 1930, et à d'autres reprises dans son œuvre, Ruyer affirme que la conscience n'est pas produite par le cerveau : la conscience est primaire et le cerveau – ou un certain étage de ses liaisons –, n'est que la conscience. Contre le matérialisme des modèles mécaniques, la thèse centrale de Ruyer affirme que l'être n'est qu'une structure spatio-temporelle. Les modulations sensorielles du cortex cérébral utilisent le mode de liaison des neurones

la psychologie », *Revue Scientifique*, II, 1931, p. 35-58. H. Piéron, « La psychologie comme science biologique du comportement », *Revue Scientifique*, II, 1908, p. 59-65.

pour produire le système structural de la conscience. Il faut donc invalider le modèle bergsonien du cerveau instrument sans pour autant isoler le cerveau du système duquel il participe.

– *Le cerveau du développement.* La description du cerveau est celle d'un organisme. Son principe constant est de fonder l'activité cognitive sur les structures embryonnaires du développement du cerveau. Plutôt que d'accorder au corps un rôle d'intermédiaire cognitif, Ruyer lui attribue un rôle embryogénique et ontogénétique : le cerveau, grâce à sa double face organique et consciente, est toujours structuré par son développement corporel et par là indéfiniment informé par l'interaction finalisée des organes corporels. En privilégiant les travaux de Lashley (1929) et de Spemann (1918), plutôt que ceux de l'électrophysiologie et de la neurotransmission, Ruyer favorise les travaux sur l'équipotentialité cérébrale et la potentialité développementale.

– *Le cerveau de liaisons.* Le système organique, s'il décrit bien le développement du cerveau, de sa morphogenèse à son épigenèse, n'indique pas comment le cerveau fonctionne de manière dynamique. Car selon la théorie du structuralisme, la notion de structure permet à Ruyer d'y décrire les liens des réseaux neuronaux. Mais ces liaisons neurocognitives ne sont pas objectivement constituées : elles sont la condition d'une activité finale de la cognition sans qu'une finalité interne ne soit à l'œuvre. Les liaisons organisent l'activité du cerveau dans l'ensemble dynamique de l'organisme. Une logique interne à la neurocognitition peut être décrite grâce à la modélisation en liaisons du cerveau. Car les liaisons sont la réalité structurale et ne se réduisent pas à des parties localisables.

La structure, le développement et les liaisons décrivent un cerveau sous un triple niveau d'organisation plutôt, que d'aspects, comme pour Popper, qui indique une évolution dans l'œuvre du philosophe. A partir de 1934, sous l'influence de *La vie et l'habitude* de Samuel Butler [1], Ruyer accomplit une transposition des découvertes de la biologie scientifique en termes de « surfaces », de « domaines absolus » ou de « consciences-êtres » : le structuralisme abstrait et formel est ainsi dépassé par l'insertion dans la description de la structure organique des travaux de l'embryologie expérimentale. Ce structuralisme des formes vivantes a pour but de décrire « les potentiels de toutes les structures unitaires ayant un type, une consistance capable de se reconstituer à travers le temps » [2]. Le développement du cerveau et son activité dynamique correspondent à cette unité psycho-biologique car l'identité cerveau-conscience est une de ces lignes d'individualité produites par l'évolution.

Sans parvenir à réunir ces trois descriptions (*La structure, le développement et les liaisons*) en une seule, Ruyer a toujours été à la recherche d'une téléologie du vivant à laquelle il travaille depuis 1946 jusqu'à son dernier manuscrit inédit. Même s'il est illusoire, reconnaît-il, de penser en métaphysicien ce qui serait la source originelle du vivant, la valeur des valeurs ou la fin des fins. La raison de ces trois descriptions tient à la nature

---

1. S. Butler, romancier anglais, appartient au courant mnésiste, tout comme R. Semon et E. Rignano, et publie *Unconscious Memory*, Londres, Trübner, 1880 et *La vie et l'habitude*, trad. fr. V. Larbaud, Paris, Gallimard, 1922.

2. R. Ruyer cité dans G. Deledalle, D. Huisman, *Les philosophes français d'aujourd'hui par eux-mêmes. Autobiographie de la philosophie française contemporaine*, Paris, C.D.U., 1963, p. 268.

spatio-temporelle du cerveau humain : « Le cerveau humain est, après tout, un domaine d'espace-temps. Des formes s'y improvisent, comme des formes organiques s'improvisent sur l'espace-temps... La véritable opposition n'est pas entre la matière et la conscience, mais entre la matière et la conscience actuelle d'une part – qui ne font qu'un dans toutes les individualités actives – et l'esprit d'autre part, trans-individuel et trans-spatial, origine des archétypes et des thèmes de toutes les activités et de toutes les actualités »[1]. Le procédé des modèles mécaniques se révèle insuffisant pour décrire la physiologie du système nerveux et des appareils sensoriels, car elle participe d'une philosophie du dédoublement entre le sujet et l'objet, entre l'organisme physique et le cerveau-instrument.

LE CERVEAU D'UNE STRUCTURE

Le cerveau n'est pas un instrument

Ruyer ne défend pas la thèse spiritualiste du cerveau-instrument selon laquelle « la rivalité entre le « psychologique » et le « cérébral » est donc en rivalité entre deux étages de subjectivité, rivalité qui, plus ou moins, doit apparaître dans le plan de l'objet et qui apparaît effectivement »[2]. Car si le cerveau n'était qu'un simple instrument, son interaction avec l'activité subjective serait matérielle et sans influence sur la cognition psychologique. Alors, « la surface réelle qu'est *en lui-même* le système nerveux n'est-elle

---

1. R. Ruyer cité dans G. Deledalle, D. Huisman, *Les philosophes français d'aujourd'hui par eux-mêmes ... op. cit.*, p. 273-274.
2. R. Ruyer, *La conscience et le corps*, Paris, P.U.F., 1937, p. 40.

pas en effet comme *offerte* aux formes psychologiques, c'est-à-dire à l'esprit, à la façon d'un tableau ou d'un clavier, en un mot à la façon d'un instrument... »[1]? La numérisation actuelle par l'informatique et ses modèles neurocomputationnels est venue confirmer cette dérive instrumentaliste du cerveau.

Cependant, il ne suffit pas de connaître les réseaux formels de circulation pour comprendre la nature et le contenu de l'information ainsi distribuée[2]. Dans les années 1989-1990, P. S. Churchland adhère, avec P. M. Churchland et Terrence Sejnowski, à la perspective neurocomputationnelle. En utilisant l'expression d'« inputs », elle se réfère à un langage de computation d'ordinateur : la théorie doit porter sur les entrées et sorties du système nerveux, mais aussi sur les entrées et sorties à l'intérieur du système. Si bien qu'il s'agit de passer d'une théorie qui dit comment le cerveau est, à une théorie qui dit comment le cerveau travaille. Cette dimension opératoire de la théorie correspond bien au projet de réduire les états mentaux aux états neurobiologiques et de prouver par la seule activité des états neurobiologiques leur détermination causale dans toutes les fonctions cognitives. L'élimination de la référence à des états mentaux est à ce prix.

L'hypothèse connexionniste de ces chercheurs est de modeler un segment du cerveau dans un programme d'ordinateur avec les trois strates du cortex cérébral et le réseau de connectivité approprié. Le projet est de créer un cerveau artificiel en simulant son activité par

---

1. *Ibid.*, p. 105.

2. B. Andrieu, « Intelligence artificielle : la tentation des sciences sociales. Des neurosciences sociales ? » *Technologie Idéologies Pratiques TIP, X*, 1-4, 1991, p. 223-247.

le moyen d'une programmation informatique. Même si elle reconnaît ce caractère artificiel, P. S. Churchland s'inscrit dans ce courant connexionniste de l'intelligence artificielle, afin de reproduire les réseaux neuronaux. Ce problème du passage du neuronal au cognitif ne peut, à cause de l'exigence éliminativiste, trouver une solution dans une théorie purement mentale de la représentation. Il s'agit de montrer comment la reconnaissance des formes et leur perception s'impliquent simultanément par le moyen du prototype. Pourtant, P. S. Churchland ne peut admettre que le prototype soit une forme *a priori* de la sensibilité : « Ce qui en fin de compte apparaît, c'est une théorie cognitive de nature non propositionnelle compatible de manière satisfaisante avec une théorie géométrique de la calculabilité neuronale »[1]. La théorie neurobiologique des réseaux de tenseurs préfère s'appuyer sur l'organisation des neurones. L'intérêt de la théorie des prototypes est de prendre en compte le domaine spécifique d'activité pour le désigner sous une catégorie neurocognitive fonctionnelle.

Ruyer refuse justement cette généralisation à tout le cerveau à partir de la complémentarité différenciée des zones du cerveau : la mathématisation des neurocomputations par la théorie géométrique de la neurophilosophie est pour Ruyer un passage à la limite : « Puisque l'expérience prouve que tel est le cas de larges portions du cerveau, la tentation est forte de passer à la limite et d'affirmer de tout le cerveau ce que l'on constate pour une zone du cerveau. La faute de la théorie du cerveau-instrument est dans ce passage à la limite. Parce que la

---

1. P.-S. Churchland, *Neurophilosophy. Toward a unified brain-mind science*, Cambridge, The MIT Press, 1999, p. 576 (notre traduction).

lésion de la zone auditive dans un seul hémisphère ne produit pas la surdité, on aurait tort d'en conclure que les lésions bilatérales respecteront l'audition... »[1].

Ce passage à la limite se trouve dans la fonction-instrument du cerveau-instrument : s'il est vrai – nul ne peut désormais le nier, la neuropathologie des lésions suffirait à le prouver –, que telle fonction cognitive ne peut s'exercer sans un réseau neurobiologique localisable, il faudrait convenir, pour Ruyer, que ce rapport organe-fonction, localisé depuis Broca et Wernicke dans des aires cérébrales, décrit seulement une causalité partielle et neurofonctionnelle; cette causalité peut uniquement servir de principe à une explication systématique de l'esprit par une réduction de toutes ses fonctions à des localisations cérébrales.

Henri Bergson, dont Ruyer assimile souvent la thèse à celle du cerveau-instrument, est son adversaire philosophique[2] pour ce qui est des relations du cerveau et de l'esprit. Dans *Matière et Mémoire*, Bergson présente le rôle du corps au sein d'une neurologie de la communication nerveuse selon le modèle du mouvement réflexe[3]. La différence de degré entre les fonctions du cerveau et l'activité réflexe du système médullaire s'effectuerait dans un système centripète : la communication entre les arborisations terminales des fibres centripètes et les cellules motrices de la zone rolandique suppose que « le cerveau ne doit donc pas être autre chose, à notre

1. R. Ruyer, *La conscience et le corps, op. cit.*, p. 105.
2. F. Bremondy, « La critique de Bergson par Ruyer est-elle justifiée ? » dans P. Gallois, G. Forzy, (dir.), *Bergson et les neurosciences*, Paris, Les Empêcheurs de penser en rond, 1997, p. 170-193.
3. B. Andrieu, *Le cerveau psychologique. Histoires et modèles*. Paris, CNRS Éditions, 2003.

avis, qu'une espèce de bureau téléphonique central :
son rôle est de « donner la communication » ou de la
faire attendre »[1]. Le cerveau est à la fois un instrument
d'analyse du mouvement recueilli et un instrument de
sélection du mouvement à sélectionner.

L'interprétation de Ruyer généralise l'analyse
bergsonienne de la thèse du cerveau-instrument à ce
qui serait l'ensemble de la théorie de la connaissance de
Bergson : « Il est extravagant d'aller s'imaginer qu'une
cellule va devenir capable de faire apparaître de la
subjectivité parce qu'elle a pris une forme étoilée et
ramifiée et qu'elle est allongée en un long conducteur ».
La production de la subjectivité ne peut être la conséquence de l'organisation matérielle car le sujet serait
séparé de la détermination sensorielle qui colore l'activité
et l'orientation de la conscience : « ... ce n'est pas en tant
que cellule nerveuse, mais en tant que cellule vivante tout
court qu'un neurone, ou qu'un élément auditif, visuel,
est, en lui-même, existence subjective. La disposition
propre des cellules nerveuses et sensorielles les rend
capable de provoquer cette détermination particulière
de la subjectivité qu'est la conscience sous son aspect
sensoriel »[2].

Ainsi la sensation n'est pas extérieure à la conscience,
sans pour autant que celle-ci se réduise à l'information
neurosensorielle. Le statut du corps est en cause dans
la thèse de Ruyer : « contrairement donc à la thèse
bergsonienne, on doit insister sur l'union intime de la
sensation et de l'organisme réel : la sensation est vraiment

1. H. Bergson, *Matière et mémoire*, Paris, P.U.F., 1896, p. 26.
2. R. Ruyer, *Éléments de psycho-biologie*, Paris, P.U.F., 1946,
p. 29.

une partie de la réalité organique, elle ne fait qu'un avec elle, de même que le système nerveux est partie intégrante de la structure visible de l'organisme »[1]. Pour Bergson, le corps est toujours une image là où pour Ruyer l'organisme structure la connaissance : là où Bergson considère la spatialité comme une extériorité à un sujet qui la pense, Ruyer définit une subjectivité sans sujet[2]. Fonctionnement d'ensemble, le système nerveux est une association de conducteurs et un « tableau mosaïque de cellules sensibles »[3].

L'illusion fournie par la description mécanique de l'étendue transforme l'organisme en un automate et le système nerveux en échanges hydrauliques. L'objet existe bien réellement à l'intérieur d'un fonctionnement psychophysiologique sans que le corps soit une image : « Une surface réelle est à la fois tableau et dessinateur, clavier et pianiste, instrument et usager. La réalité de la subjectivité consciente ne se mire pas dans la surface corticale comme un miroir extérieur à elle, et dont elle serait indépendante pour sa subsistance, elle *est* cette surface »[4]. Les facultés perceptives du cerveau sont réelles, elles ne produisent pas une image et ne se réduisent pas aux seules fonctions réflexes de la moelle épinière. La conscience et le corps, et non pas comme chez Bergson la conscience ou le corps, ne peuvent fonctionner ensemble qu'au prix d'une description structurale de la mosaïque.

---

1. *Ibid.*, p. 30.
2. R. Ruyer, *La conscience et le corps, op. cit.*, p. 64.
3. *Ibid.*, p. 73.
4. *Ibid.*, p. 106.

Le cerveau, clé du corps

En 1930, Ruyer fonde un structuralisme de la forme qui ne sera pas reconnu par les historiens du structuralisme comme fondamental. Pourtant, dès sa thèse *Esquisse d'une philosophie de la structure*, Ruyer fonde sa philosophie sur l'opposition entre les concepts de forme et de force : la forme est la structure physique tandis que la force maintiendrait la structure dans une définition du mouvement comme translation du corps ; la force serait un principe finaliste qui organiserait la forme selon une logique d'addition et d'ordre des éléments matériels. Or, à l'inverse d'Aristote, chez Ruyer il n'y a « nulle part de moteur mais seulement des mécanismes »[1]. Par structure, Ruyer défend une définition de l'ensemble, d'un système, dans laquelle les articulations entre des parties ne sont jamais réduites à des mécanismes organiques ou à des fonctions génétiques : « Appelons structure l'ensemble des dispositions visibles dans l'espace et l'articulation des parties d'un objet quelconque, la manière dont cet objet est construit en fait »[2]. L'opposition entre la force et la structure conduit cette dernière à ne jamais parvenir à elle-même autrement que dans un mouvement finalisé : « La structure n'est donc évidemment que le symptôme spatial d'un système de forces de liaison beaucoup plus fondamental »[3].

Si toute réalité est forme, alors la forme est une structure physique. La forme se définit par ses liaisons et n'a pas de valeur substantielle. L'ensemble de la forme

---

1. R. Ruyer, *Esquisse d'une philosophie de la structure*, Paris, Alcan, 1930, p. 61.

2. R. Ruyer, *Éléments de psycho-biologie, op. cit.*, p. 4.

3. *Ibid.*, p. 5.

se fonde sur une définition du mouvement des fonctions plutôt que sur celle de la translation des corps. Ainsi « mon cortex a improvisé l'ensemble des mouvements qui m'ont permis de m'asseoir... ce qui est puéril dans le matérialisme classique, c'est le substantialisme implicite... Il est puéril aussi de croire expliquer un acte libre humain, en le rattachant au saut d'un électron-clé dans son cerveau. C'est l'ensemble du cortex qui est capable d'action proprement dite et de comportement, en vertu d'une unité spatio-temporelle aussi absolue que celle d'un atome, d'un électron ou de tout autre domaine d'ici maintenant »[1]. L'isolement réductionniste d'un élément pour lui attribuer une causalité revient à nier le pouvoir de la nature qui rapproche des éléments pour produire une forme nouvelle.

Cette structure-forme-surface nous interdit de saisir la réalité directement, seulement par le biais des qualités sensibles : « On pourrait considérer le cortex comme une sorte de « surface magique » (c'est-à-dire comme une surface en rapport avec ce que nous avons décrit comme l'ordre du potentiel trans-spatial) »[2]. Le cortex n'assigne pas la description de la connaissance à une réduction fonctionnelle du type forme-surface-fonction de la phrénologie. La notion de potentiel trans-spatial laisse supposer que la forme n'est pas accomplie dans la structure et que la surface du cortex ne dit rien de sa profondeur et du dynamisme potentiel de la forme. « Le monde extérieur une fois reflété dans la structure même du cortex, le cerveau, comme tout autre organe, peut

---

1. R. Ruyer, « Béhavorisme et dualisme », *Bulletin de la Société Française de Philosophie*, 51ᵉ année, n° 1, 1957, p. 13-14.

2. R. Ruyer, *Éléments de psycho-biologie, op. cit.*, p. 33.

devenir le point d'application de la même normativité qui, au cours de l'évolution de l'espèce comme au cours de l'ontogenèse, a fait émerger progressivement les structures organiques »[1]. La structure-forme-surface est une définition de la subjectivité cognitive du cerveau : en prenant ensemble les éléments de la sensation[2], le cerveau est un ensemble de conducteurs qui communiquent et se lient entre eux. Plutôt qu'un holisme cognitif qui pourrait conduire à interpréter l'œuvre de Ruyer comme celle d'un idéalisme subjectif, ce structuralisme de la forme établit le cerveau comme « un système tout fait de liaisons »[3]. Le système cérébral ne possède pas d'entités atomisées, sa logique est celle du réseau neuronal dans lequel les synapses dressent des cartes par les liaisons. Celles-ci se renouvellent sans cesse, comme le matérialisent les observations du cerveau *in vivo*. « Le cortex frontal est au service de la conscience, de la mémoire, de l'intelligence, mais il n'est pas, dans sa structure générale et dans la structure générale et dans l'architecture de ses fibres d'association, une sorte d'instrument à être intelligent »[4]. Ainsi le cortex ne détermine pas les contenus neurocognitifs, il est un agent qui les structure mais sans fournir leurs contenus sémantiques.

Le résultat de cette structuration de la cognition cérébrale, s'il respecte la règle selon laquelle les formes objectives ne sont jamais connaissables directement mais par l'intermédiaire des qualités sensibles, est d'accorder un réel statut cognitif à l'image : « nous

1. R. Ruyer, *Éléments de psycho-biologie, op. cit.*, p. 45.
2. R. Ruyer, *Esquisse d'une philosophie de la structure, op. cit.*, p. 123.
3. *Ibid.*, p. 147.
4. R. Ruyer, *Néo-finalisme*, Paris, P.U.F., 1952, p. 58.

sommes enfermés dans notre cerveau, dans nos images mentales… la véritable caverne de Platon, pour les hommes, c'est leur boîte crânienne »[1]. Nulle théorie de l'esprit pourtant chez Ruyer, mais plutôt une théorie du corps, car l'image mentale est la clé formelle des liaisons réalisées par les conducteurs nerveux dont le cerveau est la serrure[2]. La théorie du corps se définirait par le principe d'indiscernabilité des images mentales dans le cerveau, la structure formelle de l'image ne pouvant être testée que par hypothèses ou reconstructions après-coup : « L'image consciente a consisté dans cette liaison même et dans l'action solidaire des éléments nerveux. Mais une fois l'action effectuée ces liaisons, cette solidarité, se rompent et il ne reste plus que les modifications dans les cellules et la décomposition physique à renouer plus tard ces liaisons »[3].

Le cerveau est décrit comme une clé qui fait tourner dans la serrure du corps la forme transmise par l'organe sensoriel, plus précisément pour Ruyer, comme « l'organe sensoriel transmettant une forme et le cerveau la faisant agir comme une clé »[4]. Bergson en restait à la métaphore du bureau téléphonique central[5] en faisant du cerveau une image, mais le modèle de la communication ne suffit pas à Ruyer car il participe de l'instrumentalisme du cerveau, même si le modèle bergsonien anticipe la transmission chimique. La métaphore ruyerienne de la clé est cohérente avec les découvertes contemporaines

1. R. Ruyer, *Esquisse d'une philosophie de la structure*, *op. cit.*, p. 159.

2. *Ibid.*, p. 142.

3. *Ibid.*, p. 162.

4. *Ibid.*, p. 160.

5. H. Bergson, *Matière et mémoire*, Paris, P.U.F., 1896, p. 26.

d'Henry Dale en 1914 et d'Otto Lœwi en 1921 : la libération du neurotransmetteur suppose une continuité,
une reconnaissance et une libération à l'instar d'une clé
adéquate sans laquelle la serrure ne se déclencherait pas [1].
Le cerveau ne constituerait la forme qu'il utilise, comme
dans la rotation mentale, que pour exercer sur elle un
travail réflexif et une action de liaison avec d'autres
formes, comme dans le réseau neurocognitif.

Structure embryonnaire de la conscience cérébrale

L'image mentale, malgré ce structuralisme cérébral de
la conscience, posséderait un degré de réalité qui ne serait
pas physique : « Notre activité mentale, même à l'humble
stade de l'association des idées, n'a rien de physique, n'a
rien qui rappelle les mouvements d'une machine » [2]. La
pensée créatrice d'images mentales et d'idées est bien
le résultat du mouvement dans le cerveau des liaisons
neuronales : les liaisons neurophysiologiques structurent
le mouvement cognitif en renouvelant sans cesse la
qualité, l'orientation et le contenu des images et des idées.
Celles-ci ne réduisent pas leur fonction et leur contenu car
elles possèdent une autonomie créatrice, mais les liaisons
neurophysiologiques structurent les formes mentales dont
les idées et les images sont les contenus.

Cette différence structure/fonction, forme/contenu
décrit une réalité mentale proportionnelle aux liaisons
cérébrales mais elle peut aussi être « actionné[e]

---

1. J.C. Dupont, « La neurotransmission », dans B. Andrieu (dir.),
L'invention du cerveau. Anthologie des neurosciences, Paris, Pocket,
2002, p. 147-210.
2. R. Ruyer, *Esquisse d'une philosophie de la structure*, *op. cit.*,
p. 173.

directement par le mouvement de la réalité extérieure au cerveau »[1]. La nature et l'intensité du mouvement des choses extérieures sollicitent dans le cerveau une plasticité et une adaptabilité neurocognitive. Aucune préformation n'anticipe le contenu de ce qui survient de la réalité, si bien que le cerveau conserve sa mobilité : au mouvement de la réalité correspond la mobilité du cerveau. Le cerveau et ses images sont des modes de connaissance en mouvement : « Le cerveau humain, qui contient toutes nos images, évolue, se modifie, comme toute chose et son mouvement produit naturellement des formes neuves, mais neuves dans la même mesure que les choses produites par le temps »[2]. Cette modification du cerveau humain est plutôt adaptative qu'évolutive, épigénétique plutôt que phylogénétique, car « le cerveau est l'instrument de transport de l'activité organisatrice de l'être vivant à son milieu »[3]. Ruyer, à l'inverse de Lamarck, ne croit pas à la transmission de l'épigenèse dans la phylogenèse.

Cette épigenèse interactive avec le monde n'interdit pas une différence de niveaux entre la conscience embryonnaire et la conscience cérébrale ; en effet l'épigenèse pourrait faire croire qu'un seul niveau de conscience serait à l'œuvre au fur et à mesure de l'interaction mondaine. Car la conscience cérébrale procure l'illusion de son indépendance, ne parvenant pas à distinguer dans ses

1. R. Ruyer, *Esquisse d'une philosophie de la structure, op. cit.,* p. 191.

2. *Ibid.,* p. 181.

3. R. Ruyer, « La conscience et la vie », dans É. Guyénot, R. Ruyer, A. Portmann, J. Baruzi, *Le Problème de la vie,* Être et penser, Cahiers de philosophie, 32ᵉ cahier, Neufchâtel, Éditions de la Baconnière, 1951, p. 54.

contenus mentaux ce qui provient d'elle de ce qui revient en elle des structures de l'embryologie mentale : « Le cerveau organique est déjà lui-même un montage opéré par l'être vivant à chaque ontogenèse selon une structure spécifique »[1]. Le cerveau organique de chacun est une structure spécifique définie au cours de l'ontogenèse de l'être vivant et qui s'individue par épigenèse. La conscience doit sa structure au cerveau embryonnaire en raison de sa formation : « Le cerveau n'est conscient qu'en tant qu'une partie embryonnaire conservée, non convertie en organe fonctionnant. Il est une partie embryonnaire disposée commodément pour être modulée par stimuli externes… la conscience cérébrale n'est pas essentiellement différente ; mais comme le cerveau est un tissu organique modulé, la conscience cérébrale a pour « contenu » cette modulation, et non la structure propre du tissu »[2]. La conscience cérébrale est une modulation produite par la structure embryonnaire de l'organisme : ses contenus mentaux dépendent des formes neurophysiologiques qui assurent des liaisons renouvelées avec le monde extérieur. Ruyer distingue ainsi la conscience seconde de la conscience primaire : « la conscience seconde est cet étage de la conscience primaire du cerveau qui tient, par survol absolu et surveillance, tout notre outillage extérieur et toute la technique de la civilisation, en les référant au sens qu'elle aperçoit »[3]. L'influence (plutôt que le déterminisme) de la conscience embryonnaire structure les conditions de

1. R. Ruyer, *Néo-finalisme*, *op. cit.*, p. 44.

2. R. Ruyer, « La psychobiologie et la science », *Dialectica*, vol. 13, n°2-15.6, 1959, p. 111.

3. R. Ruyer, « La conscience et la vie », dans *Le problème de la vie*, *op. cit.*, p. 54.

fonctionnement de la conscience cérébrale : second étage de la conscience, la conscience cérébrale est créatrice là où la conscience embryonnaire maintient sa structure par sa mémoire de l'organisme.

Mais une fois distingué le rapport structure / fonction, forme / contenu, conscience embryonnaire / conscience cérébrale, Ruyer introduit l'argument d'une supériorité de la conscience organique par rapport à la conscience cérébrale : « le cerveau ne saurait avoir le monopole de la conscience... le cerveau a certainement le monopole de la conscience sensorielle, c'est-à-dire d'une conscience dont le « contenu d'information » est apporté par des organes sensoriels modulés par des stimuli extérieurs à l'organisme... le cerveau n'a pas le monopole de ce que l'on pourrait appeler la conscience organique dont le « contenu » est constitué par l'organisme lui-même ou par ses éléments vivants... »[1]. La conscience organique, celle du vivant, assure cette adaptation immédiate au milieu. Cette relation de la conscience au corps vivant assure cette émersion par une communication entre les deux niveaux : « la conscience doit se fonder sur la conscience immédiate du cerveau par lui-même, du cerveau en tant que partie de l'organisme vivant... Il faut bien que la conscience soit unie d'une façon immédiate au cerveau en tant que tissu vivant, pour que la conscience sensorielle paraisse être une propriété du cerveau en tant qu'organe disposé macroscopiquement pour la réception sensorielle... la distinction du cerveau comme appareil macroscopique d'utilisation de la conscience organique

---

1. R. Ruyer, *Néo-finalisme*, *op. cit.*, p. 39.

et comme tissu vivant dont la conscience primaire est inséparable » [1].

La conscience organique, comme conscience primaire du tissu vivant, revalorise ainsi le corps vivant de l'émersiologie par rapport au cerveau. Mais cette revalorisation du corps distingue le tissu vivant de la conscience sensorielle comme l'opposition entre le principe et son effet. La conscience sensorielle n'est que la vue macroscopique d'une structure de contenu autorisée par le corps vivant. La connaissance immédiate, à l'inverse de celle fournie par la conscience sensorielle, est celle de l'organisme : l'intuition de la conscience primaire émane de l'activité même du tissu vivant. Vouloir séparer la conscience cérébrale de sa conscience primaire n'a aucun sens du point de vue de cette embryologie mentale. Refusant pourtant le vitalisme, Ruyer accorde au cerveau, en tant que tissu organique, des capacités d'inventions à l'intérieur d'une psycho-physiologie de la signification : « Car le cerveau n'est qu'un tissu organique. Il n'a ses capacités d'invention qu'en tant que tissu organique. Ce qu'il a de particulier, c'est que, modulable et relayable, il peut transporter cette capacité d'invention hors de l'organisme, sur les objets extérieurs » [2].

Il faut pour autant qualifier l'activité mentale, la pensée du cerveau, produite par la conscience cérébrale, mais sans la réduire à la conscience organique, ce qui consisterait à confondre le niveau sémantique avec le niveau syntaxique, le contenu mental avec sa structure organique. Car la pensée du cerveau est le résultat du

---

1. R. Ruyer, *Néo-finalisme*, *op. cit.*, p. 45.
2. R. Ruyer, « La psychobiologie et la science », *Dialectica*, *loc. cit.*, p. 112.

réseau des formes neurophysiologiques, là où le cerveau comme tissu n'est qu'un réseau protoplasmique : « Le cerveau humain, nous l'avons vu, ne "pense" qu'à titre de réseau protoplasmique. Un réseau protoplasmique n'est "conscience", d'une façon primaire, et ne se comporte et ne se fait activement, qu'à titre de réseau moléculaire. Un réseau moléculaire, ou une molécule individuelle, ne se comporte et ne se fait activement, qu'à titre de domaine d'espace-temps. Dans un cerveau vivant, c'est donc au fond, pour employer une formule extrême, l'espace-temps qui "pense" »[1]. Le cerveau participe donc à la fois à la signification organique par sa structure et à la signification psychophysiologique par la structuration des formes traitées par la conscience secondaire : « Le système nerveux peut être considéré comme un appareil grâce auquel le "je" extrait les sens et les valeurs dans le monde extérieur et agit (c'est-à-dire informe le monde extérieur) selon ces valeurs et significations. Il est une sorte de médium à la disposition du "je" entre la sphère des causes et celle des essences, entre le domaine des lois psycho-physiologiques et le monde des significations et des motifs régulateurs »[2].

Cette position d'intermédiaire du système nerveux interdit toute neutralité du cerveau : l'organe extrait et traite l'information mondaine, mais ce double travail est bio-sémantique car pré-structuré par les formes neuro-physiologiques dans la recherche néo-finale des contenus. Le monde est moins connu ou reconnu que reconstruit par son insertion dans des structures formelles qui organisent les contenus sous un double axe dynamique : celui de

1. *Ibid.*, p. 119.
2. R. Ruyer, *Éléments de psycho-biologie, op. cit.*, p. 31.

l'adaptation régulatrice aux significations nouvelles du monde et celui des lois qui structurent le fonctionnement du cerveau. Ruyer définit ainsi un néo-finalisme embryo-cognitif, car la projection finale du cerveau dépend des structures organiques du tissu cérébral. Avec la structure embryonnaire de la conscience cérébrale, Ruyer assure une transition entre un structuralisme des formes et le cerveau du développement d'un organisme.

LE CERVEAU DU DÉVELOPPEMENT

La découverte du potentiel bio-mnémique du développement

Par son refus de séparer le cerveau de la construction du corps, Ruyer décrit l'ensemble de l'organisme comme la subjectivité : « le cerveau n'est pas un instrument, une machine à fabriquer la conscience, la subjectivité. Comment une machine le pourrait-elle ? Tout l'organisme est, en soi, subjectivité. Le cerveau est un instrument à transporter, appliquer la conscience primaire de l'organisme à la tâche d'organisation du monde extérieur... Le cerveau est le lieu de l'organisme par où passent les circuits externes, la fabrication des outils et des machines, la création des œuvres d'art, des institutions sociales, l'organisation et l'entretien de tous les produits de culture. Le cerveau est en nous comme une partie embryonnaire conservée » [1]. Cette bio-subjectivité indique l'étiologie épigénétique du cerveau au sein du développement d'un organisme en interaction

---

1. R. Ruyer, « La conscience et la vie » dans *Le problème de la vie*, *op. cit.*, p. 50. Et dans R. Ruyer, *Néo-finalisme, op. cit.*, p. 73 : « dans l'organisme adulte, est une aire restée embryonnaire ».

avec son environnement. Comme le montre bien Laurent Meslet[1], l'influence des travaux de l'embryologiste allemand Hermann Driesch, au moins dans le deuxième chapitre des *Éléments de psycho-biologie*[2], ne réduit pas la philosophie du développement de Ruyer à une embryologie physico-chimique ou à une génétique stricte du développement.

L'interprétation psychobiologique de l'ontogenèse suppose chez Ruyer un potentiel bio-mnémique qui ne fasse pas référence à une conception engrammatique de la mémoire. L'apprentissage n'est pas inné, mais sa structure est engrammée depuis l'ontogenèse. Pourtant, se référant aux travaux de Spemann, Ruyer affirme que « les expériences de laboratoire ne sont pas précisément en faveur de l'entéléchie et du néovitalisme. Si l'on coupe une gastrula de Triton selon le plan sagittal, chaque moitié peut régulariser et fournir un embryon entier plus petit ; mais, si l'on sépare une moitié dorsale et une moitié ventrale, la première seule régularise en formant une plaque neurale proportionnée à sa nouvelle taille »[3]. Ce refus du néovitalisme interdit une conception entéléchique du développement, mais autorise une distinction entre le prédéterminé et l'équipotentialité. Le prédéterminé impose en effet des règles et des régulations, mais Ruyer ne retient que la capacité bio-mnésique de l'organisme qui conserve des déterminants sans parvenir à les actualiser immédiatement. La mémoire de l'organisme continue d'agir comme une structure de l'apprentissage plutôt

1. L. Meslet, *La philosophie biologique de Raymond Ruyer*, *op. cit.*, p. 117 et p. 142.

2. R. Ruyer, *Éléments de psycho-biologie, op. cit.*

3. R. Ruyer, « Le domaine naturel du trans-spatial », *Bulletin de la Société Française de Philosophie*, 42e année, n° 4-5, 1948, p. 137.

que comme des contenus prédéterminant le contenu sémantique de l'action du corps.

La présence de ce potentiel mnémique conditionne ainsi le développement du « je » cérébral : « L'aire embryonnaire qui deviendra le cerveau d'un homme commence nécessairement aussi par une subjectivité "fascinée". La conscience psychologique, chez l'enfant nouveau-né, s'éveille peu à peu à la fascination organique pure... Le "je" psychologique et cortical devient lui-même central et règne sur ses propres "autres je" mnémiques, mais il reste vassal de l'"autre je" ou de l'x organique »[1]. La construction du cerveau reste imprimée de l'organisation préalable de son développement, sans jamais parvenir à s'en libérer entièrement. Le je psychologique et cortical est le résultat d'un devenir mais il reste second car il côtoie l'x organique de sa mémoire corporelle. Cette coexistence est une intégration plutôt qu'un emboîtement, car l'activité de la conscience ne peut être séparée de son tissu vivant, et se définit ainsi comme une conscience sensorielle. « Dans l'ontogenèse, le cerveau est refait *de novo* à partir d'un œuf qui ne contient pas de microstructures du système nerveux. On suit le développement du cerveau à partir d'ébauches de structure très simples... Que l'on baptise ou non "mémoire organique" ce qui permet à l'œuf fécondé d'édifier l'architecture vertigineusement complexe du système nerveux, il est certain que le rôle éventuel du cerveau dans la mémoire psychologique sera subordonné à ce qui – mnémique ou non – a d'abord, sans cerveau, édifié le cerveau »[2]. Ruyer définit ainsi

1. R. Ruyer, « Nature du psychisme », *Revue de Métaphysique et de Morale*, 57ᵉ année, n° 1, 46-66, 1952, p. 52-53.

2. R. Ruyer, *Néo-finalisme*, *op. cit.*, p. 38-39.

un déterminisme *a tergo* selon lequel les conditions de l'activité psychologique des fonctions dépendent de leur architecture développementale [1].

De l'équipotentialité cérébrale
à l'équipotentialité embryonnaire

Le terme d'équipotentialité [2] est utilisé pour la première fois par Shepherd Ivory Franz et Karl Lashley dans leur article de 1917 [3]. Après avoir prélevé divers secteurs du cerveau chez des rats, Karl Lashley étudie les conséquences de ces ablations pour leur comportement dans un labyrinthe. Il déduit de ses observations que le degré de perturbation dépend directement de la masse de cerveau enlevée et non pas de la localisation de l'atteinte cérébrale : les fonctions supérieures des diverses aires du cortex sont équipotentielles : « Le terme "équipotentialité", je l'ai utilisé pour désigner la capacité apparente d'une partie intacte de la zone fonctionnelle pour réaliser avec ou sans réduction d'efficacité, les fonctions qui sont perdues par la destruction de l'ensemble. Cette capacité varie d'une région à l'autre et selon le rôle des fonctions impliquées. Elle opère probablement seulement pour les zones et les fonctions d'association sont plus complexes que pour la simple

---

1. L. Scubla, *Raymond Ruyer et la classification des sciences*, dans L. Vax, J.-J. Wunenberger (dir.), *Raymond Ruyer, de la science à la théologie*, Paris, Éditions Kimé, 1995, p. 75-90.
2. Voir S. Finger, *Origins of neuroscience. A History of explorations into Brain Function*, Oxford, Oxford University Press, 1994, p. 59-61.
3. S.I. Franz, K.S. Lashley, « The retention of habits by the rat after destruction of the frontal portion of the cerebrum », *Psychobiology*, Vol. 1(1), juillet 1917, p. 3-18.

coordination sensorielle ou motrice » [1]. Ruyer utilise cette critique des cartes localisationnistes de Korbinian Brodman par Karl Lashley dans une interprétation holiste : « absolument rien ne nous autorise à supposer qu'il n'y a plus de conscience parce qu'il ne possède plus qu'une petite partie de son cerveau... comme si le cerveau était équipotentiel, c'est-à-dire comme si une partie équivalait au tout [2] ». Si une partie équivalait au tout, l'unité substantielle du cerveau ne reposerait plus sur une homogénéité et une permanence neurofonctionnelle. La conscience ne réside pas dans l'organisation finalisée de la matière cérébrale. Car l'équivalence d'une partie au tout ouvre la perspective d'une réflexion sur l'organisation des parties du cerveau de ce que « Lashley appelle l'équipotentialité cérébrale... qu'une partie du cerveau ou d'une zone sensorielle ou motrice est l'équivalent du tout, il est donc invraisemblable *a priori* de l'interpréter par un modèle mécanique quelconque, où fonctionne une causalité de proche en proche » [3].

Mais si Ruyer comprend bien l'équipotentialité cérébrale, il utilise le concept d'équipotentialité en tant qu'équipotentialité embryonnaire. Aussi pour Ruyer « l'équipotentialité embryonnaire, comme l'équipotentialité cérébrale, est donc liée au caractère thématique du développement » [4]. Ici, Ruyer étend à l'embryogenèse le concept d'équipotentialité qui n'a de sens scientifique que pour les aires cérébrales. Car la découverte de

1. K.S. Lashley, *Brain Mechanisms and Intelligence*, Chicago, University of Chicago, 1929, p. 24 (notre traduction).

2. R. Ruyer, « La conscience et la vie », dans *Le Problème de la vie*, *op. cit.*, p. 44.

3. R. Ruyer, *Néo-finalisme*, *op. cit.*, p. 51.

4. *Ibid.*, p. 53.

l'organisateur du développement embryonnaire [1] définit un centre à partir duquel la différenciation des tissus qui l'entourent s'effectue. Les expériences de transplantations de territoires embryonnaires précisent la destinée présomptive de chacune des régions de l'embryon : l'induction neurale serait pour Ruyer la preuve d'une équipotentialité par le caractère organisateur de territoires encore plastiques [2], une partie transportant dans une autre partie du corps le tout de la formation d'un embryon.

Mais le terme d'équipotentialité embryonnaire chez Ruyer provient de sa lecture des travaux d'Hans Driesch [3]. La régulation est la manifestation de l'équipotentialité embryonnaire : « Chaque cellule de blastula a la même puissance prospective » [4]. Hans Driesch estime que l'hypothèse physico-chimique est incapable d'expliquer à la fois la régulation et la différenciation. Face au vitalisme de cette « biologie suractualiste » [5], Ruyer a rejeté dès 1946 la thèse de la préformation de l'organisme pour développer une interprétation psychobiologique du développement : le développement n'est pas un programme déterministe car l'équipotentialité est

1. N. Le Douarin, *Des chimères, des clones et des gènes*, Paris, Odile Jacob, 2000, p. 140.

2. B. Andrieu, « Plasticités dans la neurobiologie du développement », *Les Cahiers de l'Audition*, 10, 2, 1997, p. 12-20.

3. G. Canguilhem précise : « Hans Driesch, selon qui l'équipotentialité embryonnaire, garantie, au premier stade du développement de l'œuf, de la régulation et de la normalisation de toutes les dissociations ou associations extraordinaires de parties supposées, est l'expression de la domination initiale de la totalité, donc de sa présence ontologique », *Études d'histoire et de philosophie des sciences*, Paris, Vrin, 1994.

4. H. Driesch, *Philosophie de l'organisme*, Paris, Rivère, 1921, p. 67.

5. L. Meslet, *La philosophie biologique de Raymond Ruyer*, *op. cit.*, p. 123.

interprétée selon un structuralisme moniste. La structuration interdit donc toute mécanisation du développement, mais reconnaît l'unité moniste de l'organisme selon laquelle le déplacement d'une partie s'insère dans une totalité réorganisée.

Ruyer estime dès lors que le cerveau est une mosaïque plutôt qu'une machine dont les localisations seraient cristallisées, immobiles et rigidifiées : « les localisations des réceptions sensitives dans la zone post-rolandique ont contribué, tout autant que les localisations des réceptions visuelles, à donner l'impression que le cerveau était une mosaïque »[1]. L'indétermination de l'individualité est la conséquence de cette mosaïcité[2] : « il serait impossible de suivre molécule par molécule dans le cortex du danseur ou dans le protoplasme de l'organisme, un fonctionnement linéaire, parce que dans l'indétermination d'individualité qui caractérise tout champ de comportement, les lignes d'univers de ces molécules se confondraient »[3]. La distinction entre configurations et localisations confirme l'impossibilité de définir et de réduire le cerveau à une machine dont les pièces seraient localisées. Ce refus de la fixation phrénologique des fonctions est très précoce chez Ruyer : « Chaque fois que les expériences mettent en évidence le caractère très large des localisations cérébrales, on considère le fait comme un argument contre

1. R. Ruyer, *La conscience et le corps*, Paris, P.U.F., 1937, p. 104.

2. Comme l'a démontré Georges Chapouthier, la mosaïcité prouve une intégration insuffisant ou inachevée qui fournit une redondance fonctionnelle pour assurer des suppléances partielles en cas de pathologie. G. Chapouthier, *L'homme, ce singe en mosaïque*, Paris, Odile Jacob, 2001, p. 98-118.

3. R. Ruyer, « Behaviorisme et dualisme », *Bulletin de la Société Française de Philosophie*, 51e année, n° 1, 1957, p. 19.

le parallélisme. C'est le contraire qui est vrai. Puisque l'intuition de la conscience nous montre précisément que l'efficacité des configurations est indépendante de leur localisation, il est naturel que l'observation physiologique retrouve quelque chose de cette non-localisation »[1]. La non-localisation cérébrale, que vient aujourd'hui confirmer l'imagerie neurocognitive *in vivo*, favorise la conception du dynamisme cérébral : « le dynamisme cérébral, si dynamique il y a, est donc tout différent d'un dynamisme de type *Gestalt* physique »[2]. Le dynamisme cérébral repose ainsi plutôt sur des liaisons et des réseaux neuronaux que sur des formes stéréotypées qui précèderaient et détermineraient l'activité cognitive.

Le concept d'équipotentialité, tant embryonnaire que cérébrale, est le moyen pour Ruyer de refuser un déterminisme strict. Car l'équipotentialité, présentée de manière croissante et évolutive, est liée à la temporalité du développement : plus les différents niveaux d'organisation tendent vers une épigenèse dynamique et interactive, plus l'ontogenèse devient épigénétique sans jamais complètement se libérer des déterminants phylogénétiques. Ainsi, l'équipotentialité est un concept à la fois structural et développemental, mais n'enferme pas l'organisme dans les contenus de sa mémoire. Ce concept introduit donc une dynamique du vivant en réinterprétant l'activité finaliste organique par la réorganisation matérielle du corps au cours du déplacement d'une structure en dehors de sa place originelle. L'équipotentialité relie la partie et le tout de l'organisme en définissant l'organisme dans sa vivacité.

1. R. Ruyer, *La conscience et le corps, op. cit.*, p. 101.
2. R. Ruyer, *Néo-finalisme, op. cit.*, p. 69.

UN CERVEAU DE LIAISONS

Les liaisons neuro-subjectives
  dans l'activité neurocognitive

Pour expliquer les types de liaisons réalisées au cours de l'activité neurocognitive, Ruyer critique toute modélisation préétablie de l'apprentissage, qu'il s'agisse, comme on vient de le voir, de la psychologie de la forme, du modèle d'intelligence artificielle[1] de William Ross Ashby ou de l'homéostat : « W.R. Ashby est obligé de supposer que cette adaptation individuelle s'opère par de multiples essais et erreurs automatiques déjà au niveau de la coordination des neurones, considérés comme analogues aux éléments de son homéostat, ce qui n'est pas extrêmement vraisemblable et ne constitue pas, pour les psychologues, une théorie bien satisfaisante du learning »[2]. La modélisation cybernétique suppose un interactionnisme adaptatif car la machine doit posséder dans sa structure les régulations possibles afin de s'adapter aux variations du milieu, devenant ainsi capable de modifier elle-même les cibles de ses régulateurs[3]. Ruyer souligne pourtant, dans son ouvrage de 1954, *La cybernétique et l'origine de l'information*[4], l'apport remarquable de l'homéostat :

1. B. Andrieu « Intelligence artificielle : la tentation des sciences sociales. Des neurosciences sociales ? », *Technologie Idéologies Pratiques TIP, op. cit.*, p. 223-247.
2. R. Ruyer, « Les postulats du Sélectionnisme », *Revue Philosophique*, n° 3, 1956, note 2, p. 321.
3. G. Cellerier, « Modèles cybernétiques et adaptation », dans G. Cellerier, S. Papert, G. Voyat, *Cybernétique et épistémologie*, Paris, P.U.F., 1968, p. 31.
4. R. Ruyer, *La cybernétique et l'origine de l'information*, Paris, Flammarion, 1954.

« On peut désormais interpréter cette régulation comme un changement, lui-même automatique, des *feedback* nerveux, et non comme l'effet d'un rééquilibrage d'une *Gestalt* corticale »[1].

Le modèle de l'homéostat prouve que les actions et les interactions des *feedback* sont bien des phénomènes dynamiques. « On peut difficilement échapper à cette idée que le système nerveux, tout au moins dans le domaine des réceptions visuelles et tactiles est *un appareil destiné à réagir spécifiquement aux formes*, comme notre automate »[2]. Mais, hors de cette analogie de structure, si l'homéostat modélise correctement les *feedback*, les uni-sélecteurs de la machine improvisent un comportement et un équilibre nouveaux à partir de ses montages inhérents à ses circuits ; rien de tel dans l'organisation biologique et l'activité neurobiologique, pour qui l'orientation séman-tique, sinon intentionnelle, dessine un relief axiologique : « il faut qu'un idéal trans-actuel entre dans le circuit du *feedback* nerveux, pour que celui-ci fonctionne. Il faut, en d'autres termes, que l'information directrice soit autre chose qu'une poussée. Il faut que le système organique soit « asservi », non seulement à ses appareils nerveux, mais à un idéal trans-spatial dont les *feedback* cérébraux ne sont que des auxiliaires »[3]. Pour assurer des *feedback* dynamiques, la distinction entre des liaisons mécaniques et des liaisons conscientes est posée par Ruyer : toute information nouvelle engage la structure de la conscience, dans sa dimension primitive, à une improvisation directe. La machine organique, à la différence de la machine

1. *Ibid.*, p. 62.
2. R. Ruyer, *La conscience et le corps, op. cit.* p. 73.
3. R. Ruyer, *La cybernétique et l'origine de l'information, op. cit.*, p. 93.

informatique, conduit à « une embryologie mentale contrôlée mais spontanée »[1]. Par bio-subjectivité, il faut comprendre le lien interne et déterminant entre le développement des structures du corps, dont le cerveau, et l'élaboration subjective des états mentaux produits par les réseaux neuronaux.

Cette spontanéité relève d'une bio-subjectivité de la machine organique qu'est le cerveau. Elle établit des liaisons sémantiques bien avant que la conscience psychologique puisse les contrôler : « Les liaisons sont nécessairement subjectives par nature et constituent ce qui, de la forme, est inobservable alors qu'on en observe la structuration »[2]. Le cortex serait une sorte de machine à calculer organique qui établit les liaisons dynamiques entre les parties : « le cortex est, de même, dans ses liaisons permanentes, un organe parmi d'autres, possédant sa forme organique immuable, sa solidité physico-chimique, et sa cohésion anatomique. Mais l'étage supérieur de ses liaisons *est* le domaine de la conscience psychologique et il permet ainsi le jeu de la finalité improvisée, individuelle ». Cette différence de degrés établit des niveaux dans la conscientisation des liaisons neuro-subjectives : la subjectivité n'est pas le stade ultime d'une conscience du cerveau, mais la structure et le contenu des liaisons. Si la structuration des liaisons subjectives est visible, sa forme mentale est inobservable, bien que perçue par la conscience.

En liant les liaisons à l'équipotentialité, Ruyer conserve une certaine réversibilité de l'organisation

---

1. R. Ruyer, *La cybernétique et l'origine de l'information, op. cit.*, p. 198.
2. R. Ruyer, *Éléments de psycho-biologie. op. cit.*, p. 35.

cérébrale par l'interaction adaptative et régulatrice des entrées et des sorties neurocognitives : « le cerveau, au moins pour un certain étage de ses liaisons, a gardé, de l'équipotentialité embryonnaire, une certaine réversibilité pour l'organisation du monde extérieur... Le cerveau humain – ou plutôt l'en-soi du cerveau, la conscience seconde qui lui correspond – contient en puissance toute la civilisation et ses appareils comme l'œuf contient virtuellement toutes les machines du corps »[1]. La structure en étages évite les inconvénients du modèle archéologique (couches successives) grâce au dynamisme des liaisons physiologiques et non anatomiques : « des liaisons physiologiques peuvent être établies ou rompues avec de faibles dépenses d'énergie. Des liaisons anatomiques, au contraire, transformeraient le cerveau en une pure machine, ou en un organe irréversiblement différencié »[2] car des liaisons anatomiques réduiraient le comportement à n'être « que leur fonctionnement »[3]. De même que l'action sur le corps par l'intermédiaire du système nerveux est une impression, la sensation consciente provient des liaisons cérébrales.

Néofinalisme embryo-cognitif

« Le "modèle objectif" d'une subjectivité consciente ne peut être un modèle mécanique au sens matérialiste du mot »[4]. Le mécanisme échoue à modéliser une bio-subjectivité moniste qui distingue des différences de

---

1. R. Ruyer, « La conscience et la vie », dans *Le Problème de la vie*, *op. cit.*, p. 51.
2. R. Ruyer, *Néo-finalisme, op. cit.*, p. 56.
3. *Ibid.*, p. 55.
4. R. Ruyer, *La conscience et le corps, op. cit.*, p. 84-85.

degré qui vont de la structure organique aux formes neurophysiologiques de la conscience secondaire. Le matérialisme défendrait un monisme à plat sans finalité interdisant la distinction dynamique entre structure et fonction, organisme et organisation, cerveau primaire et conscience secondaire. « Le fonctionnement du système nerveux, même dans le réflexe, apparaît de plus en plus comme un fonctionnement d'ensemble. La cellule nerveuse ne figure jamais isolément dans la physiologie utilisable pour le psychologue »[1]. La dimension holistique n'est pas systémique chez Ruyer, car la description de la dynamique du vivant exige à la fois une interaction structurante et une direction de la structure organique. En accordant au cerveau un pouvoir organisateur, il ne faudrait pas transformer son statut d'organe d'articulation en une fonction d'organe de direction : « Le système nerveux est d'abord un organe particulier de l'être vivant. Mais chez les animaux supérieurs il devient tellement prédominant que c'est tout le reste du corps qui fait l'effet d'être à son service ; d'abord organe d'articulation, il semble devenir organe de direction. Inversion plus apparente que réelle, du moins si nous en croyons les avertissements de la physiologie et de la psychologie contemporaine »[2]. L'inversion d'attribution finale au corps plutôt qu'au système nerveux tient au privilège accordé à son interaction avec le monde. Si le corps articule, comme organe, l'interaction mondaine, c'est un résultat plutôt qu'une décision : à la différence de la phénoménologie de la perception de Merleau-Ponty et de la neurophysiologie cognitive d'Alain Berthoz, il n'y a

1. R. Ruyer, *La conscience et le corps, op. cit.*, p. 84-85.
2. *Ibid.*, p. 138.

aucune visée dans le corps ruyerien, mais seulement la traversée en lui et par lui de l'arc neuro-intentionnel.

En attribuant une causalité intentionnelle à un cerveau pensant plutôt qu'en le situant comme une fonction d'articulation dans la structure organique de son corps, la tentation est pourtant grande de remplacer le néofinalisme embryogénétique par un finalisme neurophysiologique. Le cerveau serait ainsi réifié comme une conscience intentionnelle, une cause fabricatrice, un démiurge cognitif, et les formes neurophysiologiques serviraient d'attracteurs sémantiques en captant dans le monde des contenus leur correspondant. Le postulat neurocognitif ne retient de la finalité organique que le modèle conscient de la fabrication : la puissance de l'esprit trouverait dans l'entendement le seul moyen d'une projection des idées dans la matière mondaine.

Or il ne faut pas, selon Ruyer, confondre l'activité finaliste avec les moyens : « le système nerveux central, prolongé par l'œil et la main, rend l'organisme capable de projeter son activité finaliste dans le monde extérieur » [1]. Vouloir séparer le cerveau, l'œil et la main en réifiant l'esprit au rang de commandeur suprême consisterait à interdire toute la continuité de l'embryologie mentale. Le cerveau est donc un « organe de transport » de l'activité finaliste. Le cerveau ne fait qu'ajouter à l'activité fina-liste organique, soit en l'orientant sémantiquement aux nécessités de l'interaction du corps avec l'événement mondain, soit en transportant dans le monde l'activité finaliste de son organisme.

---

1. R. Ruyer, *Néo-finalisme*, *op. cit.*, p. 37.

CONCLUSION

Entre 1937 et 1959, Ruyer a su proposer une théorie de l'identité non réductionniste sans fonder son néovitalisme sur une théorie de l'émergence cognitive. Son principe constant est de fonder l'activité cognitive sur les structures embryonnaires du développement du cerveau. Refusant le dynamisme aristotélicien de la puissance et de l'acte, Ruyer n'en admet pas moins une différence de degré et de niveaux entre la structure et la fonction, entre le cerveau organique et la conscience cérébrale. Plutôt que d'accorder au corps un rôle d'intermédiaire cognitif, il lui attribue un rôle embryogénique et ontogénétique : le cerveau, grâce à sa double face organique et consciente, est toujours structuré par son développement corporel, et par là même, indéfiniment informé par l'interaction finalisée des organes corporels.

Deuxième partie

PARLER LE CORPS

Est-ce le corps qui parle ou la conscience de ce corps ? Ce que la conscience comprend de son corps correspond-il à ce que le corps autorise (au sens d'auteur) des significations à travers les symptômes ? Le corps qui parle suppose que le corps produirait le texte en nous, la main consciente incarnant ce qui émerse de notre vivant.

Le corps vivant est écrit par les techniques incorporées, les gestes habituels et les postures quotidiennes, mais notre conscience n'en prend connaissance que lors d'une transmission dans un récit à une troisième personne. La mémoire du corps vécu, dans la médecine narrative, est ici celle que nous transmettons par un travail de transcription dans un récit en première personne. Ainsi le corps s'écrit de lui-même en première personne avant que, par l'émersion de ses sensations ressenties, notre conscience ne les traduit dans un récit par une première personne incarnée.

Le corps vivant qui anime notre organisme nous procure à notre insu des informations. Laisser advenir le vivant de son corps à la claire conscience est une technique de trouble précipitant la perception de soi dans l'intensité sensorielle de la douleur ou du plaisir. Comment le corps vivant peut-il se manifester dans sa conscience vécue du corps ? Par la surprise sensorielle, par le constat d'une inadéquation entre ce que le récit du sujet sur son propre corps et cette *impropriété* du corps vivant. Ce corps vivant impropre, qui ne peut devenir mon corps propre, est celui qui soutient notre existence organique. Cette dépropriation du corps vivant ne peut pas anticiper son corps vivant, alors que le corps vivant anticipe ce que la conscience percevra de lui à travers le prisme du corps vécu.

Ne parvenant pas à descendre dans le corps vivant, dans sa temporalité et son dynamisme, l'esthétique transcendantale de la conscience du corps vécu paraît être une condition *a priori* de la parole du corps. Le corps serait toujours et déjà une représentation alors qu'il est vivant en nous, notre conscience ne pouvant l'apercevoir comme tel qu'à travers les fulgurances, les actes manqués ou les images dans ses modes *in vivo*. En partant de la conscience, le langage trouve dans le *verbatim* et le texte écrit des modes d'expression plus ou moins directe de ce que ressent le corps vécu de son corps vivant. Le mot, même s'il semble ajusté au mieux, y compris dans la métaphore, est l'incarnation de la sensation, le sentiment ou l'image qui émerge à la conscience depuis la profondeur du corps vivant.

CHAPITRE PREMIER

L'ÉVEIL CAPACITAIRE
DANS LES NEUROSCIENCES MÉDITATIVES [1]

> *Je ne me souviens pas d'avoir*
> *eu un organe disponible,*
> *fût-ce mon cerveau,*
> *pour voir plus loin [2].*

LE DÉVELOPPEMENT DES TECHNIQUES
DE PLEINE CONSCIENCE

Le développement des techniques de pleine conscience pourrait constituer aujourd'hui une alternative aux thérapies corporelles et aux verbalisations analytiques, même si celles-ci activent l'émersion des vécus ancestraux [3]. Car la pleine conscience suppose une utilisation globale et entière de la conscience appliquée à toutes les parties du corps et de l'esprit. En agissant avec intentionnalité, la conscience concentrerait la

---

1. Ce texte est une reprise de l'article « En pleine conscience ? Au-delà de l'inconscient par les neurosciences méditatives et les sciences contemplatives », *L'Évolution psychiatrique*, 81, 2016.

2. M. Lindon, *Je ne me souviens pas*, Paris, P.O.L., 2016.

3. A. Gigliotti, « Vécus ancestraux et vie fœtale en psychosomatique micropsychanalytique. Analogie avec un rite africain », dans D. Lisek (dir.), *Les maux du corps sur le divan. Perspective psychanalytique*, Paris, L'Harmattan, 2015, p. 102-147.

puissance de son esprit uniquement vers l'instant présent. L'attention serait alors le moyen de focaliser l'expérience vécue en isolant dans son corps vivant une seule activité, comme la respiration, la douleur ou les émotions. Selon Christophe André, « La première [attitude fondamentale] est une ouverture maximale du champ attentionnel, portant sur l'ensemble de l'expérience personnelle de l'instant, autrement dit, tout ce qui est présent à l'esprit, minute après minute : perceptions du rythme respiratoire, des sensations corporelles, de ce que l'on voit et entend, de l'état émotionnel, des pensées qui vont et viennent. La seconde attitude fondamentale est un désengagement des tendances à juger, à contrôler ou à orienter cette expérience de l'instant présent ; enfin, la pleine conscience est une conscience « non élaborative », dans laquelle on ne cherche pas à analyser ou à mettre en mots, mais plutôt à observer et à éprouver » [1].

La pleine conscience prétend aller au-delà du principe de l'inconscient en dépassant les limites ontologiques de la connaissance de soi par soi : en effet, par cette extension du domaine de la conscience, nous voudrions aller au-delà des limites attribuées par la classification psychologique occidentale. Le seuil de l'inconscient ne serait qu'une limite construite par une méthode d'introspection par trop représentationnelle : c'est-à-dire que la représentation cognitive du contenu de conscience ne parvient pas à saisir le mouvement interne du corps vivant au point qu'il faudrait avoir recours, qui par la méditation, qui par le yoga, qui par le qi gong, à une activation plus directe de ses contenus. L'intuition de soi

---

1. C. André, « La méditation en pleine conscience », *Cerveau et Psychologie*, n° 42 oct.-nov, 2010, p. 18.

par soi serait favorisée par une connaissance immédiate et au présent de l'activité physique. Sans élaboration représentationnelle après l'acte intuitif, la conscience se remplit d'un contenu qui ne laisse aucun vide : il conviendrait d'occuper son esprit, sinon de le combler au double sens du terme, par le pur présent. Le bonheur de l'instant serait ainsi double et permettrait, d'une part, de contrôler un contenu de conscience toujours disponible en soi et d'autre part, de remplir la conscience sans laisser le vide du passé ou de l'avenir altérer l'intensité de l'instant présent.

En réduisant la part de l'inconscience par cette hypertrophie de la puissance de la conscience dans la profondeur de la psyché, la pleine conscience pourrait aussi agir sur les facteurs inconscients du comportement comme le stress, l'anxiété et l'évolution des maladies. L'activation dans le cerveau de zones modifierait le cerveau ancien en un cerveau nouveau. Selon nous, à l'éveil de la conscience correspond l'activation du vivant dans son corps et dans son cerveau. Le vivant n'est donc pas conscient en raison d'une conscience du vécu préoccupée par les tâches quotidiennes. Il faudrait alors orienter et diriger la conscience vers des parties du corps vivant externes ou internes en vue de les scanner. Le scan corporel accomplirait un balayage analytique sur le corps entier de l'attention, en y déplaçant son esprit par une concentration. Mais plutôt que de morceler le corps en états de conscience discontinus, une continuité serait ressentie par le centrage de son esprit dans la partie : ainsi le corps serait perçu comme un tout par la circulation du souffle et le déplacement dynamique de l'esprit vers toute partie du corps.

Cet accès à la réalité du vivant écologisé échappe à la formalisation du corps décrit. Car en revenir à la vérité du vivant (présence, trace pure) équivaut à réamorcer artificiellement le couplage individu/environnement par une technique de pleine conscience :

– Soit en activant le levier perceptif de l'immersion (méditation, scan corporel, prise de vue en première personne dans une situation spontanée/étalon qui sera réinvestie par une auto-confrontation au moment de l'action souhaitée, ce qui correspond à l'activation pré-émotionnelle) ;

– Soit en activant celui de l'imsertion (activation et émersion, prise de vue du sujet en plan serré dans une situation spontanée/étalon, puis une auto-confrontation ciblée qui vise à opérer une réactivation mimétique).

Est-ce que la pleine conscience peut ainsi rattraper, sinon diminuer le retard ontologique de la conscience sur le cerveau, du vécu sur le vivant ? Franchir l'au-delà du principe de discontinuité qui sépare de 450 ms ce qui se passe dans le vivant et la perception vécue que nous en avons, telle est la tentation des neurosciences méditatives. Ainsi, pour être en pleine conscience de son cerveau il faudrait être entièrement présent à son activité, sans distraction. Par une attention qui focalise la perception sur les états internes, la conscience pourrait éveiller dans le corps vivant des contenus non représentationnels. Croire en la toute-puissance du corps vivant pour produire une nouvelle connaissance de soi [1] est devenu une expérience à la fois esthétique et ontologique. Nous étudierons ici quatre modèles de la pleine conscience : la méditation,

---

1. J.-M. Pradier (dir.), *La croyance et le corps*, Presses Universitaires de Bordeaux, 2016.

l'attention, l'activation et l'émersion en allant du contrôle par la conscience jusqu'à l'éveil involontaire du vivant.

L'occidentalisation psychiatrique
de la méditation bouddhiste

Passer au-delà de la limite de la conscience représentationnelle ne constitue plus seulement la tentation épistémologique comme volonté de réduire tout le vivant en nous au vécu conscient. S'il est vrai, précise Christoph Koch, qu'il ne faut pas « créer une nouvelle fiction basée sur un récit intuitif à partir des notions de la psychologie populaire »[1], la pleine conscience est devenue une technique intuitive qui pourrait établir une transparence en réduisant le stress, les troubles du sommeil, la douleur physique ou émotionnelle, l'anxiété et les sentiments de panique. Il conviendrait alors de restaurer « notre capacité innée de voir les choses telles qu'elles sont en réalité » par « le pouvoir libérateur de la pleine conscience »[2].

Différentes écoles coexistent, du cognitivisme à la régulation attentionnelle, et se partagent le marché des thérapies courtes. Christophe André en a fait une présentation[3] :

– La Thérapie cognitive fondée sur la pleine conscience (*Mindfulness Based Cognitive Therapy*) est proposée par Zindel Segal et ses collègues, de l'Université de Toronto, qui défendent une conception cognitive de la

1. C. Koch, *Consciousness. Confessions of a romantic reductionist*, Cambridge, The MIT Press, 2012, p. 77.
2. J. Kabat-Zinn, *Au cœur de la tourmente, la pleine conscience*, Paris, Flammarion, 2015, p. 33.
3. C. André, « La méditation en pleine conscience », art. cit.

thérapie en utilisant la pleine conscience comme moyen de se construire une nouvelle représentation de soi.

– La Réduction du stress fondée sur la pleine conscience (*Mindfulness Based Stress Reduction*), proposée par le Dr. Jon Kabat-Zinn qui a introduit, à partir de sa propre expérience à la clinique de réduction du stress du centre Médical de l'Université du Massachusetts, un entrainement et une pratique de la pleine conscience afin d'apporter aux patients un soin complémentaire à leur traitement médical.

– La Thérapie comportementale dialectique (*Dialectical Behavior Therapy*). Cette thérapie a été conçue à l'Université de Washington par la psychologue comportementaliste Marsha Linehan pour les personnes souffrant de troubles de la personnalité *borderline*, et intègre entre autres une pratique régulière de méditation Zen aménagée.

– La Thérapie de l'ouverture attentionnelle (*Open Focus Therapy*), mise au point par le psychologue américain Les Fehmiqui, qui repose sur des exercices de régulation attentionnelle très proches de la pleine conscience.

La tradition orientale, très présente dans ces modèles, ne sépare pas la méditation de l'exercice physique qui plonge le corps dans un milieu extérieur et intérieur à la fois. L'expérience immersive au contraire, en partant de l'attention de la conscience, implique une mise entre parenthèses non seulement du monde extérieur mais du monde intérieur. Cet « abandon total de soi »[1], comme

1. R. Graziani, *Les corps dans le taoïsme ancien*, Paris, Les Belles Lettres, 2011, p. 47.

capacité à entrer dans le dynamique de la nature est le contraire d'une maîtrise par la conscience : c'est le corps vivant lui-même qui dans la marche, le sens de l'équilibre ou la nage, se livre dans l'interaction écologique à une forme d'inconnaissance qui révèle sa dimension capacitaire.

Se posent ici le problème de l'importation et la question de l'orientatisation des pratiques corporelles dans un contexte de spiritualité si étranger à la culture d'origine de la méditation bouddhiste. Y a-t-il une perte de l'origine ou est-ce une définition originale ? La démocratisation du Zen par Daisetsu Teitaro Suzuki pose plus généralement la question du transfert du bouddhisme en Occident à travers un syncrétisme de bon aloi, bien loin de la source, et qui interroge la bouddhisation de la spiritualité occidentale. Adapter le bouddhisme aux Occidentaux, est-ce possible ? Qu'est-ce alors qu'une transmission authentique avec une formation intensive à la méditation ? Comment, dès lors, retrouver la source tibétaine ?

La question de l'inexistence du soi est examinée à travers le danger des émotions comme le stress, et elle exige un abandon de la psychologie, et de la phénoménologie des affects et des sentiments, ainsi que la tradition occidentale a pu l'établir comme vérité du soi. Cette technologie du non-soi du Bouddha se fait pour le moine par une méditation intérieure sur les parties de son corps : « la fixation de l'attention (*ang : mindfulness*) appliquée aux quatre objets sert de base à la pratique combinée de samatha-vipassana, ce qui permet de créer les conditions d'une profonde compréhension intuitive des phénomènes (l'origine de la souffrance, l'impermanence et le non-soi) »[1]. La méditation analytique et la voie directe sont-elles des non-représentations ou des états mentaux ? Comment décrire cette vacuité ?

Pour éviter cette vacuité, pourtant fondamentale dans le bouddhisme, Jon Kabat-Zinn utilise l'attention au moment présent comme une focalisation. La mobilisation de ressources intérieures disponibles chez tous, mais peu sollicitées par les occupations quotidiennes de l'esprit humain, développerait une augmentation du domaine d'action et d'activité de la conscience. L'essence même du *mindfulness* est une pratique régulière et disciplinée de vigilance d'instant en instant dans une « appropriation complète de chaque instant de son expérience »[2]. La référence à la méditation bouddhiste est explicite et le projet est bien d'universaliser la spécificité culturelle de sa pratique hors de son contexte. Le scan corporel est un balayage opéré par la conscience qui effectue une focalisation sur chaque partie du corps. La métaphore de la connexion sensorielle, utilisée ici comme « une purification active du corps »[3] sert à souligner le degré de liaison du corps. La guérison proviendrait du sentiment d'unité et d'intégrité de son corps par la visualisation ainsi produite. Cette expérience de la totalité activerait par la respiration un « pouvoir de guérison ». Le sentiment d'acceptation du présent explore le non-effort et l'acceptation de soi-même comme manière d'être. La régulation comportementale tient donc ici à se réaliser

1. A. Hamard, *L'appropriation occidentale des pratiques de méditation bouddhistes tibétaines : étude dans une perspective d'anthropologie cognitive*, thèse de Staps, Université d'Orléans, 2015, p. 67.

2. J. Kabat-Zinn, *Au cœur de la tourmente, la pleine conscience*, *op. cit.*, p. 64.

3. *Ibid.*, p. 183.

dans la pure présence à soi-même, sans projection imaginaire dans un autre espace mental. Cette délimitation du champ de conscience est une concentration sur les émotions positives.

L'attentionalité à la présence du vivant

Décrire le vécu et les processus de subjectivation au cours de la pratique de la méditation permet de démontrer comment il est possible d'atteindre un autre état de conscience en maîtrisant une technique du corps, comme la méditation ordinaire en comparaison, par exemple, du vécu des sportifs de haut niveau adeptes de préparation mentale et autre haptonomie. Avec le travail récent de Nathalie Depraz[1] et la poursuite de notre écologie corporelle[2] en une émersiologie des sensations du corps vivant dans la conscience du corps vécu[3], les techniques de bien-être par ECM (États de conscience modifiées) lient la question du bien-être à celle d'être bien dans sa conscience[4].

L'objet est considéré comme un obstacle qui vient remplir le champ de conscience au point que Husserl recommandait, par l'*épochè*, sa mise entre parenthèses tant d'un point de vue externe que d'un point de vue interne. Nous percevons le corps animé mais souvent

1. N. Depraz, *Attention et Vigilance*, Paris, P.U.F., 2014.

2. B. Andrieu, *L'écologie corporelle*, Paris, Seguier-Atlantica, 2011 ; *L'écologie corporelle*, tome 1 : *Bien-être et cosmose* ; tome 2 : *Emersions vivantes et techniques écologiques*, édition augmentée, Paris, L'harmattan, 2017.

3. B. Andrieu, *Sentir son corps vivant. Émersiologie 1*, Paris, Vrin, 2016.

4. B. Grison, *Bien être et être bien. Les techniques de conscience du corps entre Orient et Occident*, Paris, L'Harmattan, 2013.

conjointement avec les choses « qui sont perçues » au moyen « du corps, avec leur manière respective d'apparaître »[1]. Cette perception du corps animé possède bien, une fois séparée de la perception des choses externes, « sa propre couche de localisation des sensations tactiles ». La purification de la conscience, la conscience pure, trouve ainsi dans la couche d'appréhension les sensibilités du corps lui-même : « Au point de vue de la conscience pure, les sensations sont bien les soubassements matériels indispensables à l'égard de toutes les espèces fondamentales de noèse »[2]. Cette délimitation entre somatologie et psychologie est l'espace théorique dans lequel l'attention de la conscience peut se focaliser lors d'un remplissage du contenu de conscience par les sensations. La conscience peut être représentationnelle lorsque son attention est fixée par un contenu de conscience qui peut la distraire de sa puissance de concentration. La respiration, le souffle, les mouvements deviennent inconscients par l'automatisation de la vie quotidienne qui focalise l'attention sur les tâches externes à notre corps vivant. Ce dernier est contrôlé par la conscience pour l'orienter vers une action précise, en délaissant l'objet extérieur, mais aussi l'objet mental qui vient empêcher la conscience d'accueillir l'activité de son corps vivant qui émerge.

Il faudrait une intention vide de matériau sensoriel pour obtenir une conscience immédiate. L'impression de l'objet récupéré en immanence ne peut se réduire à l'empirisme des *sense data* car la conscience ne serait

---

1. E. Husserl, *La phénoménologie et les fondements des sciences, tome 3, Idées directrices pour une phénoménologie*, trad. fr. D. Tiffaneau, Paris, P.U.F., 1993, p. 14.
2. *Ibid.*, p. 15.

plus qu'un épiphénomène. Il faut selon Husserl[1], orienter l'intentionnalité sans préremplir l'objet de la conscience afin d'accueillir ce qui vient : cette désaturation progressive jusqu'à la limite du vide rend la conscience sensible à une nouvelle réception qui peut émerger, en l'occurrence, de son corps vivant. La primauté de l'action est nécessaire pour décrire cette processualité temporelle : « en conférant une primauté à l'action en tant que médium unitaire d'où peut être prélevée la distinction subséquente entre dire et montrer, on insiste sur la coopération unique du langage (indication) et de l'expérience (évidence), c'est-à-dire sur leur intrication, propre à notre *praxis* ordinaire de vivants »[2].

L'attentionnalité, à l'inverse de l'intentionnalité, décrit le devenir de la conscience en tant qu'attention à elle-même. Cette processualité du devenir attentif décrit la conscience non comme la prise de conscience d'un objet, mais plutôt comme une capacité du sujet à se rendre attentif à ce qui se passe en lui pendant le temps de la conscientisation. La notion de geste, plutôt que celle de prise qui manifeste une saisie, décrit ce mouvement volontaire de la conscience en train de devenir consciente : « la notion de "geste" est particulièrement appropriée, puisqu'elle permet de saisir l'empan de l'attention comme expérience tout à la fois corporelle (motrice et proprioceptive), sémantique (expressive), agissante (performative) et relationnelle (intersubjective et communicationnelle) »[3].

1. Husserl, « Conscience protentionnelle et mécanismes de l'anticipation », traduit J.-L. Petit dans A. Berthoz, C. Debru (dir.), *Anticipation et prédiction. Du geste au voyage mental*, Paris, Odile Jacob, 2015, p. 76.

2. N. Depraz, *Attention et Vigilance*, *op. cit.*, p. 139.

3. *Ibid.*, p. 61.

L'expérience attentionnelle, à la différence de la méditation par un scan corporel, refuse l'effort volontaire de la focalisation car, d'une part, la dimension immédiate d'occupation d'un contenu de conscience dans la conscience ne l'engage pas à s'y maintenir dans une prise volontaire de cet objet. La conscience comme structure ne peut être confondue avec la prise de conscience libérant ainsi la spontanéité. D'autre part, l'expérience attentionnelle ne vise pas le contrôle lié à un effort volontaire de saisie de l'objet mais s'inscrit dans le flux de ce qui vient à la conscience sans que nous nous en rendions compte. La mobilité automatique dans l'expérience est celle du flux qui nous traverse dans lequel nous pouvons insérer la conscience une fois que celle-ci est déprise de ses habitudes de penser. Une fois écologisée dans le flux de conscience, la spontanéité réceptive et la plasticité fournissent un contenu immanent : « l'immanence pratique n'est pas le dernier mot de la méthode attentionnelle : irréductible à l'horizontalité perceptive et à la circularité réflexive, elle exige une auto transcendance. Cette dynamique d'échappement oriente le sujet vers la verticalité qu'il contient en lui-même, visible de façon concrète dans sa capacité incessante à se déporter hors de lui-même pour se donner du champ et du recul sur ce qu'il est et fait sans pour autant sortir de lui-même jusqu'à s'observer (fiction) de l'extérieur de lui-même »[1].

Alors, la dimension *transcendantale* de l'attention « ne se limite pas à une seule forme d'activité mentale concentrée, mais renvoie à une expérience plus complexe,

1. N. Depraz, *Attention et Vigilance*, *op. cit.*, p. 401.

différenciée, enracinée dans des *attitudes corporelles* »[1].
Le fait de se référer à l'activité de son corps vivant dans
le cours de l'expérience devient une nouvelle possibilité
gnoséologique de se connaître dans les trois personnes,
je, tu, il/elle. Ainsi « la dynamique de l'émergence
émotionnelle est mise en mouvement par la réactivité et
le vécu corporel »[2]. La congruence des courbes cardiaque, respiratoire et de conductance cutanée est corrélée
à « la forte réactivité vécue, corporelle, cognitive et
émotionnelle »[3] : de même le trouble émotionnel de
la dépression peut être mesuré par des marqueurs de
l'activité préconsciente selon « une approche croisée
de troisième vers première personne à première vers
troisième personne »[4]. La méthode consiste ici à relier
cette activité du corps vivant, inconsciente pour le sujet
conscient à des entretiens d'explicitations focalisé sur les
contenus.

L'ACTIVATION DU CERVEAU
PAR LES NEUROSCIENCES MÉDITATIVES

« Les spécialistes du cerveau, de la pensée et de
l'intelligence artificielle sont, à l'aube du IIIe millénaire,
engagés dans une rencontre historique, de celles
qui peuvent être à l'origine d'une véritable rupture
épistémologique »[5]. En effet, la relation entre le cerveau

---

1. *Ibid.*, p. 345.
2. N. Depraz,   T. Desmidt,   « Cardiophénoménologie »,   « La
naturalisation de la phénoménologie vingt ans après », *Les Cahiers
Philosophiques de Strasbourg*, 38, 2015, p. 72.
3. *Ibid.*, p. 71.
4. *Ibid.*, p. 60.
5. O. Houdé, B. Mazoyer, N. Tzourio-Mazoyer, « La naissance
d'une nouvelle discipline : l'imagerie cérébrale fonctionnelle »,

et la psychologie prend aujourd'hui une dimension nouvelle par le développement de l'imagerie cérébrale anatomique et fonctionnelle. La neuropsychologie cognitive tente de décrire les réseaux neuronaux dans leur mobilité en sollicitant par des tâches la cognition des sujets, et décrit le cerveau comme une réalité onto-logique. Sans être réductionniste, elle défend une thèse naturaliste selon laquelle le réalisme intentionnel, s'il reconnaît le contenu sémantique des représentations, « peut être naturalisé en termes de propriétés physiques du réseau nerveux »[1]. Les états cérébraux sont la propriété physique des états mentaux, même si le contenu sémantique de ces derniers peut être étudié en eux-mêmes. Décrits en termes fonctionnels, ils auraient naturellement une relation intentionnelle avec les objets réels du monde. La naturalisation de l'intentionnalité étudierait objectivement les états mentaux par le moyen d'une science naturelle : la psychologie, la biologie, les neurosciences.

Depuis les années 1990, avec le développement des mesures vidéo et des mouvements du corps, une phénoménologie neurobiologique de l'action, instaurée par la neurophénoménologie en première personne de Francisco Varela, Jonathan Shear, Nathalie Depraz et Claire Petit-Mengin, est venue démontrer que la perception rétroagissait sur la structure neurocognitive des réseaux cérébraux et que l'action méditative engageait la perception dans les systèmes neuromoteurs de décision et de délibération. Ce traitement inconscient

---

Cerveau et psychologie. Introduction à l'imagerie cérébrale anato-mique et fonctionnelle, Paris, P.U.F., 2002, p. 1.

1. M. Jeannerod, *La Nature de l'esprit*, Paris, Odile Jacob, 2002, p. 29.

par le cerveau des informations mondaines, peut-il vraiment être rejoint par des techniques comme le yoga ou la méditation, en recentrant l'attention et en diminuant l'impact du monde extérieur selon une méthodologie réflexive?[1]. Le réfléchissement en première personne sur un vécu de référence par une verbalisation à une deuxième personne, comprend « les modalités sensorielles impliquées dans l'évocation »[2]. La négativité n'est pas destructrice dans les sciences du corps vivant car elle engage le sujet humain dans un approfondissement du champ de conscience : l'éveil en soi de nouvelles sensations repose sur des techniques de conscience dont il convient de préciser si elles franchissent les seuils liminaux et de conscientisation en allant au-delà du principe de plaisir.

Comment dès lors distinguer ce qui proviendrait directement de l'activation du corps vivant de sa perception par le corps vécu? L'idée de la résonance motrice a trouvé sa preuve dans l'existence des neurones miroirs[3]. Ce type de neurones, initialement découvert chez le macaque rhésus au sein du cortex ventral prémoteur (V5) et impliquant la projection partant du sillon temporal supérieur au lobe pariétal inférieur, possède la propriété de s'activer aussi bien lors de l'exécution d'une action que lors de l'observation d'une action par un congénère. Ainsi à l'impression consciente au niveau cognitif correspond, sans que le sujet en soit immédiatement

1. N. Depraz, F. Varela, P. Vermesc, *À l'épreuve de l'expérience. Pour une pratique phénoménologique*, Bucarest, Zeta Books, 2011.

2. *Ibid.*, p. 132.

3. G. Rizzolatti, C. Sinigaglai, *Les neurones miroirs*, Paris, Odile Jacob, 2008.

conscient, une activation et une résonance motrice au niveau du cerveau de son corps vivant :

Niveau épistémologique	Mode de connaissance	Processus	Ressentis	
			Stress	Flow
Cognitif	Impression consciente	Réfléchissement	Stress perçu	Absorption cognitive
Psycho-Phénoménologique	Conscience préréflexive	Émersion préconsciente	Angoisse	Plénitude
Neurologique	Activation et résonance motrice	Potentiel évoqué	Tension	Bien-être

Trois niveaux d'activation

Ces trois niveaux sont complémentaires :

– l'activation prémotrice inconsciente et la résonance motrice, repérables au niveau neural par la mesure des enregistrements *in vivo* ;

– l'activation préconsciente émersive inaugurant une conscience pré-réflexive, repérable dans l'auto-confrontation aux ajustements moteurs des gestes intérieurs du sujet avec son corps vécu ;

– l'activation de l'impression consciente issue du retournement du regard du sujet sur l'expression de ses propres affects dans un regard en troisième personne [1].

Le corps décrit par la conscience actuelle ne serait qu'une partie de ce que nous pourrions connaître par la prise de conscience de soi, des autres et de notre environnement. Augmenter son champ de conscience repose sur la découverte du caractère limité de notre description :

1. B. Andrieu, N. Burel, S. Cornus, « Les traces émersives des gestes du corps vivant dans le cosmomorphisme de l'enseignant », *Traces*, vol. 3, Paris, CNRS Éditions, 2015, p. 67-89.

la représentation actuelle de soi est un résultat parmi d'autres de ce que notre conscience pourrait apercevoir si son attention était tournée vers l'intérieur de domaine d'activité.

L'empathie[1] était pour Husserl ce que l'on perçoit physiquement de la chair étrangère qui est aprésentée *via* cette chose qui s'exprime (le moi étranger, analogue à notre moi) et qui est localisée dans notre monde apparaissant. Aujourd'hui, l'empathie est reconnue comme une action corporelle implicite de reconnaissance qui peut être mesurée par l'activité électrique du cerveau. Cette écologisation de la conscience par son système nerveux n'est donc pas un abandon de la maîtrise de soi, mais une meilleure acceptation de la complémentarité entre le vivant et le vécu. Descendre en soi en neurophénoménologie[2], pour éprouver le rythme de son cerveau, est une expérience produite par le transfert du modèle de la troisième personne dans celui de la première personne.

La bio-subjectivité étudie comment le vécu corporel rétroagit, dans les milieux naturels experts sur le corps vivant et comment le corps vivant modifie non seulement son image du corps mais aussi son schéma corporel ; le cerveau vivant est relié directement à son système sensori-moteur. L'écologie corporelle explore cette relation directe du corps vivant et de son cerveau avec son environnement surtout par l'immersion dans des milieux naturels, artificiels ou virtuels qui font appel à une expertise incorporée.

1. A. Berthoz, G. Jorland (dir.), *L'Empathie*, Paris, Odile Jacob, 2004. A. Pinotti, *L'empathie. Histoire d'une idée de Platon au posthumain*, Paris, Vrin, 2016.

2. F. Varela, « Neurophenomenology : a methodological remedy to the hard problem », *Journal of Consciousness Studies*, 3, 1996, p. 330-350.

L'activation et l'autorégulation du corps vivant produisent des informations dans le cours même de l'écologisation spontanée nécessaire pour vivre et agir au quotidien. Pour autant, le corps vivant, qui ne cesse de fonctionner en nous, ne nous informe pas par une sensation consciente : il éveille en nous des sensations par l'activation de notre sensibilité nerveuse et de notre inconscient corporel. L'analyse des gestes du vivant, avec le recueil de *data in vivo* activées dans le corps, est possible aujourd'hui à partir du niveau d'activation et d'écologisation du corps avec ses environnements. Ne faut-il pas remplacer le concept de geste du vivant par celui de mouvement du vivant ?

La pratique méditative régulière[1] induit également des modifications favorables de l'activité électrique du cerveau qui peuvent être mesurées par électroencéphalographie : le neuroscientifique Antoine Lutz a constaté une augmentation des rythmes gamma (associés aux processus attentionnels et conscients) dans le cortex préfrontal gauche, une zone associée aux émotions positives. Il étudie « l'impact de l'entraînement mental de l'attention et de la régulation des émotions sur le cerveau et le comportement avec les implications pour la neuroplasticité, le bien-être et la recherche sur les psychothérapies basées sur la méditation »[2]. En partant de la phénoménologie de Merleau-Ponty puis

1. Soit pour un expert 10 000 heures de pratique dans sa vie (une moyenne de 8 à 10 heures par jour pendant au moins trois ans), voir R. J. Davidson, A. Lutz, « Buddha's brain. Neuroplasticity and meditation », *IEEE Signal Processing Magazine*, janvier, 25(1), 2008, p. 174-176.

2. Au sein de l'Inserm et dans le cadre d'un programme européen, European Research Council (ERC) Consolidator Grant (2014-2019).

de la neurophénoménologie de Varela poursuivie par
J.-P. Lachaux, Antoine Lutz étudie l'effet durable sur les
structures du cerveau et sur la biologie du stress et les
inflammations de la méditation. La neuroplasticité révèle
ces possibilités capacitaires qui peuvent être changées
par l'expérience consciente : ses effets inconscients pour
le sujet méditant se portent par exemple sur l'effet produit
sur le cortex insulaire [1] dans l'intéroception pour prendre
conscience de l'état de son corps. Une modification
dans les fonctions cérébrales est aujourd'hui prouvée
par l'entraînement de la méditation sur le contrôle de
l'attention : en cultivant la présence attentionnelle sans
se faire absorber par les informations et son flux, une
réduction du clignement de l'attention a été relevée par
une mesure du potentiel évoqué chez les pratiquants [2].

Une modification de la sensibilité interne se mesure par
la résistance à la douleur des adeptes expérimentés de la
méditation Zen, qui se rapproche de la pleine conscience.
A l'Université de Montréal, le neuroscientifique Joshua
Grant [3] a récemment découvert que cette modification
est associée à un épaississement du cortex cingulaire
antérieur et du cortex somatosensoriel, deux zones
impliquées dans la perception de la douleur. Fadel Zeidan,

1. A. Lutz, J. Brefczynski-Lewis, T. Johnstone, R. J. Davidson,
« Regulation of the neural circuitry of emotion by compassion medita-
tion : effects of meditative expertise », *Plos One*, 26 mars 2008.
2. H. A. Slagter, A. Lutz, L. L. Greischar, A. D. Francis,
S. Nieuwenhuis, J. M Davis, R. J. Davidson, « Mental training Affects
Distribution of limited Brain Resources », *PLoS Biology*, Jun 5 (6),
e138, 2007.
3. J. A. Grant, J. Courtemanche, E. G. Duerden, G. H. Duncan,
P. Rainville, « Cortical Thickness and Pain sensitivity in Zen
Meditators », *Emotion*, février 2010 (1), 2010, 43-53.

a mené en 2015 une étude comparative[1] sur la douleur traitée sous placebo, sous antalgique et sous méditation de pleine conscience, et a montré combien cette dernière favorisait une diminution de la perception de la douleur par des voies neuronales propres.

Ainsi, les neurosciences méditatives sont une avancée pour corréler l'activation des structures et fonctions du cerveau à la pratique méditative. Pour autant, peut-on dire que le cerveau est en pleine conscience ? En dépassant les limites neurobiologiques de la sensibilité interne, les techniques de pleine conscience n'hésitent pas à démontrer que le « cerveau en pleine conscience » peut être connu par la transformation du vécu de conscience. Une continuité avec le franchissement du seuil liminal serait donc possible par une activation nouvelle de capacités inédites de notre cerveau par ce moyen. Ce corps capacitaire[2] suppose que la conscience représentationnelle ne soit pas suffisante pour laisser émerser, car la représentation que nous avons de nous-mêmes est cantonnée à une conscience d'objet par laquelle l'environnement est constamment présent dans le champ de conscience. Ainsi Pierre Livet milite-t-il pour une « phénoménologie de ce que la conscience néglige et que l'approche naturaliste détecte »[3].

---

1. F. Zeidan *et al.*, « Mindfulness meditation-based pain relief employs different neural mechanisms than placebo and sham mindfulness meditation-induced analgesia », *Journal of Neuroscience*, nov 18, 35 (46), 15307-25, 2015.

2. B. Andrieu, *Le corps capacitaire. Une micro-performativité du vivant*, Paris, Presse Universitaire de Paris-Ouest, 2017.

3. P. Livet, « Pour une phénoménologie de ce que la conscience néglige et que l'approche naturaliste détecte », *Les Cahiers Philosophiques de Strasbourg*, 38, 2015, p. 101-118.

LE PROCESSUS ÉMERSANT DE L'ÉVEIL INVOLONTAIRE

Dans la voie *Down top* développée par l'émersiologie[1], le corps vivant est compris comme résultant du couplage structurel individu/environnement à travers la codétermination immersion – imsertion. Lorsque ce couplage atteint une valeur seuil, l'émersion du vivant dans le vécu s'active notamment par la voie émotionnelle. L'activation du corps vécu inaugure l'éveil de la conscience et rend possible le retour symbolique du langage sur l'expérience vécue à travers le prisme du codage socioculturel. Se mettre dans un processus émersant suppose le relâchement de la conscience mondaine et l'acceptation profonde d'être traversé par l'information écologique produite dans notre sensibilité neuronale. En se plaçant en première personne, le sujet ne parvient pas à lire son cerveau dans son activation, sinon avec un retard et un écart par rapport à la vitalité : écart entre l'activité cérébrale et la perception subjective en première personne; traitement plus rapide que la conscience d'informations afférentes et sensorielles avec des décisions qui anticipent la perception consciente.

Claire Petitmengin[2] a su développer une méthode d'auto-explicitation, fondée par Pierre Vermeersch, en première personne[3]. En défocalisant l'intention de l'objet qui absorbe l'attention de la conscience, la recherche des étapes du processus pré-réflexif exige de s'intéresser

1. B. Andrieu, *Sentir son corps vivant, Émersiologie 1*, Paris, Vrin, 2016.
2. C. Petitmengin, « La dynamique préréfléchie de l'expérience vécue », *Alter. Revue de Phénoménologie*, 18, 2010, p. 165-182.
3. C. Petitmengin, M. Bitbol, « The Validity of First-Person Descriptions as Authenticity and Coherence », *Journal of Consciousness Studies*, 16, 2009, p. 363-404.

non plus *à quoi* je pense mais *comment* je pense. Cette reconnaissance microgénétique du sens repose sur une microperformativité invisible au sujet qui ne peut la reconnaître dans sa mise en œuvre qu'au terme d'une clarification. À travers une expérience particulière vécue en première personne, l'évocation doit être émersive car plutôt que de revivre l'intensité émotionnelle de l'expérience (comme dans la méthode du *re-birth)*, les éléments, qui la composent, contournent le point aveugle[1] et plongent dans la profondeur du vivant. La passivité de l'expérience traverse dans des images le langage conscient, sans le contrôle de la volonté : le sentiment de perte d'identité et d'identification à ce qui émerge en soi comme perte d'agentivité, s'accompagne de celui d'une impropriété de ce qui advient en moi. Si la direction intérieure est bien une ligne de force, le résultat final de l'émergence advient à notre conscience sans que nous en maîtrisions la venue ou la densité.

Ce mouvement du vivant a été décrit d'une part par Condillac et d'autre part par William James. Pour décrire un processus émersant d'éveil non volontaire, il faut étudier comment le moi n'a pas de pouvoir sur ses contenus corporels mais que l'action de la sensibilité est liée au mouvement involontaire du vivant dans le corps.

Contrairement à la naturalisation des sensations objectives qui pourraient être localisées, Condillac considérait déjà dans son *Traité des sensations* de 1754, qu'il n'y a que du vécu sans norme objective de sensation. Le plaisir n'est pas quelque chose d'objectif : il faut

---

1. C. Petitmengin, « Describing the experience of describing ? The blind spot of introspection », *Journal of Consciousness Studies*, 18, n° 1, 2011, p. 44-62.

comprendre sa sensibilité à travers une histoire de la sensation. Il n'y a pas de connaissance du corps propre par la conscience : la statue « ne peut pas dire moi au premier moment de son existence »[1]. Il y a une durée sensible par laquelle je découvre l'étendue par la succession de sensations difformes. C'est donc l'ensemble de ces sensations qui me donne le sentiment du corps propre : il n'est pas inné.

William James[2], quant à lui, propose de radicaliser épistémologiquement la position de Condillac. Au milieu du XIXᵉ siècle apparaît la physiognomonie qui va analyser les caractères des émotions à partir des expressions du corps (positions, expressions du visage, postures…). À partir de ces expressions, une catégorisation corporelle des émotions est proposée. Les émotions sont donc produites par le corps vivant. Car ce corps mu va influencer l'âme (c'est-à-dire l'intériorité) et non l'inverse. Pour James, « Notre façon naturelle de penser à propos […] des émotions est que la perception mentale de certains faits excite l'affection mentale appelée "émotion", et que ce dernier état d'esprit donne naissance à une expression corporelle. Ma thèse est au contraire que les changements corporels suivent directement la perception du fait excitant, et ce que nous ressentons de ces changements en train de se produire est l'émotion »[3]. Il s'oppose à une conception mentaliste de l'émotion. Cette dernière présuppose une réflexivité qui va de la perception à

1. É. Condillac, *Traité des sensations*, Paris, Fayard, 1984, chap. 6, p. 55.

2. W. James, « L'expérience de l'activité », dans *Essais d'empirisme radical*, trad. fr. G. Garetta, M. Girel, Paris, Garnier Flammarion, 2007.

3. W. James, « What's an emotion ? », *Mind.*, 9, 1884, p. 188-205.

une affection mentale. James combat ainsi la thèse intellectualiste. La toute première sensation de l'enfant est pour lui celle du monde extérieur. « Il fût longtemps de mode en psychologie de dire que les qualités sensibles sont saisies dans l'esprit lui-même, puis "projetées" hors de lui, ou "extradées" par un acte mental secondaire supérieur à la sensation et ressortissant probablement à l'intelligence. Cette opinion est totalement dénuée de fondement »[1]. La psychologie mentaliste pense que le corps ne fait qu'exprimer le mental. Si le corps exprime le mental alors le corps n'est pas la cause de l'émotion, il n'est que la conséquence. Il faut signaler un parallélisme très net entre l'analyse des fonctions cérébrales et l'analyse des fonctions mentales. « Le cerveau n'est guère que la somme de ses points corticaux auxquels correspondent, côté conscience, un nombre égal de sensation et d'idée »[2]. Quantitativement (d'un point de vue fonctionnel), il s'agit d'une théorie du parallélisme. L'image est ainsi la traduction de l'assemblage des points corticaux qui arrivent par les nerfs afférents. Nous prélevons sur les objets des informations différentes et il y a un décalage entre l'objet réel et l'image en nous de cet objet (c'est-à-dire l'image mentale). A quoi pouvons-nous alors attribuer les émotions ? Traditionnellement, nous disons prendre la fuite à la vue de l'ours. Nous avons peur parce que nous voyons une bête. On se représente mentalement le danger, ce que peut nous faire l'ours. Cette représentation provoquerait la peur : stimulus (ours) → sentiments (peur) → réponse (courir). En réalité, ce sont les réponses corporelles à la situation

1. W. James, *Précis de Psychologie*, Paris, Alcan, 1919, p. 19.
2. *Ibid.*, p. 132.

donnée qui provoquent l'émotion : stimulus (ours) →
réponse (courir) → sentiments (peur).

On comprend donc que c'est le bouleversement
physiologique qui accompagne la production émotionnelle. Le sentiment n'est pas une élaboration mentale.
L'émotion, c'est ce qui survient dans la situation. Le sentiment est une représentation consciente de cette émotion,
il est contrôlé. L'émotion nous submerge, étant liée à une
réaction physiologique dans la situation perceptive. Elle
ne passe pas par une représentation mentale. Elle est une
réaction de l'organisme dans l'interaction avec le milieu
(colère, peur, désir…). Le sentiment, quant à lui, est déjà
une représentation mentale, une élaboration consciente
qui se situe dans le mental. Le problème de l'expression
des émotions vient du fait que les gens ne passent pas
par la vie émotionnelle. Il faut un relâchement, un lâcher
prise pour parvenir aux émotions : un relâchement de la
prise mentale sur le corps, ce qui présuppose un combat
contre le rationalisme.

Pour James, les émotions sont liées à la constitution
du corps. L'émotion est une réaction personnelle,
singulière à une situation donnée. Ce qui différencie
les individus, c'est la réaction du corps, c'est-à-dire la
façon dont le corps a été constitué dans l'interaction.
Entre l'émotion et le comportement, il y a cette donnée
fondamentale qu'est la mémoire. Il y a une mémoire
émotionnelle qui peut même être traumatique et sera
conservée dans une mémoire corporelle. La mémoire
émotionnelle est donc irréfléchie, irrationnelle. Entre
l'émotion et le comportement, il y a une mémorisation
du vécu du vivant qui va servir de base aux différentes
théories de la réaction.

CONCLUSION

VERS UN CORPS CAPACITAIRE

La micro-performativité de ce vivant émersif met en péril nos certitudes quant à l'évaluation des capacités de la personne humaine en situation de déficience, de handicap ou de maladie. Si les lois de réaction et d'adaptation du corps vivant sont connues, les effets de l'écologisation spontanée du vivant produisent des mutations dont les effets ne nous sont connus qu'avec retard à travers le vécu de conscience. Cependant, même si le vécu est en retard sur son vivant, il peut s'ouvrir à son émergence, notamment par des activations qui l'éveillent.

Le capacitaire est une imagination de son corps qui dépasse le corps réalisé de nos capacités. Ce que je n'imagine pas de moi-même est irreprésentable mais surgit par la production du vivant dans une émersion qui devient un nouveau vécu. Ce corps opératoire au-dessous de la conscience est ce qui rend virtuel des possibles. Être capable de, c'est avoir conscience que j'en suis capable, soit parce que mon vivant possède les moyens d'activer cette potentialité inédite, soit par l'actualité d'un corps possible – comme le passage du possible à l'acte chez Aristote. Ce qui est activé est actuel dans le vécu du sujet qui perçoit à travers cette activation. Mais la capacité actuelle n'est qu'une version située dans une interaction toute provisoire avec le milieu.

Ce corps en acte provient soit d'un développement endogène, soit de l'activation, par une technique exogène, d'une qualité implicite. En fonction de la plasticité, le vivant rend vivable de nouveaux modes d'existence jusque-là impensables pour un sujet éduqué dans une représentation culturelle de ses capacités. L'inactuel est ainsi de l'activité conservée comme un possible déjà activé qui peut être réactivé ou qui a été abandonné faute de pouvoir s'actualiser. Cette différence entre possibilité et potentialité tient à la différence entre ce que les représentations sociales et individuelles et les ressources biologiques du corps vivant véhiculent. Ces ressources sont des potentialités en puissance, non actualisées, ou rendues actuelles.

Chapitre II

PARLER LE CORPS

Parler le corps repose sur un contact direct de la conscience avec la langue de son vivant : en traversant les mouvements, les gestes et les signes, l'activité de notre vivant dessine pour notre corps des directions, des postures et des intentions non conscientes. Cet éveil d'une langue vivante dans le langage verbal et non-verbal pose le problème de l'interprétation des signes : avec l'herméneutique symbolique, plutôt que le symbolisme unilatéral du corps humain, la traduction de l'émersens vivant se donne dans une signification qui nous échappe.

Ce miroir aveugle [1] du vivant de notre corps pour notre conscience du corps vécu projette des émersens dont nous proposons, à travers les exemples de la méditation, de l'écriture, de pratiques corporelles, les modalités d'éveil dans la conscience de soi, du monde et des autres. Comment apprendre à parler le corps sans éveiller des images, des affects, des actes manqués comme autant de fantômes et de rémanences ? Accueillir ce qui survient est source de création d'un corps capacitaire qui n'était pas encore actualisable ni actualisé.

---

1. « Nous sommes à l'intérieur de tout ce que nous ne voyons pas » précise J.-L. Parant dans *Le miroir aveugle*, Paris, Argol, 2016, p. 14.

LE CORPS NOUS PARLE-T-IL ?

Le scandale du corps parlant, Shoshana Felman, le dénonçait déjà en s'interrogeant : « Dire un faire – serait-ce possible ? »[1]. La force d'énonciation acquise par la parole, au-delà de son sens, dépend, selon la théorie de John Austin, des « circonstances appropriées »[2] de l'acte performatif. Ainsi, « produire l'énonciation est exécuter une action », au point que le langage devient un engagement corporel à réaliser immédiatement ou dans le futur : « l'exécution qui constitue pour une part la visée de l'énonciation »[3]. Le mot contient l'acte corporel qui doit le réaliser comme ces verbes « comportatifs »[4] dans nos réactions devant les autres. La force de l'acte corporel est *ipso facto* réalisée dans son signifiant.

Mais parler avec le corps ne définit pas le fait de parler le corps. Parler le corps consiste-t-il à laisser parler son corps vivant sans le contrôle de la conscience du corps vécu ? La langue secrète du corps[5] pourrait réduire l'émersion corporelle du vivant dans une communication non-verbale. En effet, le corps vivant, par les micromouvements involontaires des muscles, les microtensions des membres, l'émotivité des traits du visage, des mains, des jambes et des pieds, n'est pas seulement non verbal mais kinésique[6], selon la

1. S. Felman, *Le scandale du corps parlant. Don Juan avec Austin ou la séduction en deux langues*, Paris, Seuil, 1980, p. 13.

2. J.L. Austin, *Quand dire c'est faire*, trad. fr. G. Lane, Paris, Seuil, 1970, p. 41.

3. *Ibid.*, p. 43.

4. *Ibid.*, p. 101.

5. A. Ancelin Schützenberger, *La langue secrète du corps*, Paris, Payot, 2015, p. 15.

6. R. Birdwhistell, *Introduction to Kinesics*, University of Louisville Press, 1952, p. 35-72.

science créée par Ray Birdwhistell. L'expression faciale des émotions, étudiée par Charles Darwin[1], Georges Dumas[2] et P. Erkman et W. Friesen[3], peut reposer sur des habitudes associées mais aussi sur l'action directe du système nerveux sur le vivant du corps.

Faut-il alors postuler, selon une extension structuraliste, avec Françoise Dolto, que *Tout est langage*? À travers ses travaux sur les mouvements du nourrisson, Dolto a montré que l'odeur maternelle sur un tissu sert d'engramme pour rétablir la communication avec le monde réel, même après la mort de la mère. Le clinicien doit ainsi « décoder un langage qui a perturbé l'ordonnance du développement langage-corps de l'enfant avant la parole »[4]. Le corps vivant, dans son état de mal, ne peut s'exprimer autrement que par l'agitation, les pleurs, la claustration ou le *grasping* : comment l'entendre et le comprendre sans sombrer dans le « désir de retourner au sujet sans corps d'avant-naître, qui n'est pas la mort, qui est l'invariance supposée de l'avant-vie »[5]? Or nous « sommes dans le variant avec le corps »[6] au point que la modification du vivant alimente la production de mouvements internes et de gestes insignifiants : il nous faut donc comprendre « comment le langage porte son fruit dans un être au niveau de développement qui est le sien, et dès qu'il peut entendre »[7].

1. C. Darwin, *L'expression des émotions chez l'homme et les animaux*, Paris, Rivages, 2001.

2. G. Dumas, *Le sourire*, Paris, Alcan, 1909.

3. P. Ekman, W. V. Friesen, *Unmasking the face. A guide to recognizing emotions from facial clues*, Englewood Cliffs, Prentice-Hall, 1975.

4. F. Dolto, *Tout est langage*, Paris, Folio-Gallimard, 1994, p. 59.

5. *Ibid.*, p. 60.

6. *Ibid.*

7. *Ibid.*, p. 67.

L'origine de l'expérience vivante peut-elle, dès lors, être condensée dans la forme linguistique du geste, du mot ou de l'émotion? Le roman de la langue prouve que « les corps encombrent; leurs masques soulignent qu'ils parlent »[1] : se référant à *Eden, Eden Eden* de Guyotat, Matthieu Bénézet souligne combien « ce livre veut donner un corps à la langue ou une langue au corps »[2]. Contre le corps propre, détaché du corps de désir de la mère, il faudrait laisser inachevée cette séparation par l'exposition de la cicatrice dans la langue elle-même. Le contenu du corps vivant peut créer son contenant : « je voulais donner un corps à mes mots et des mots à mon corps »[3]. Par une « réciproque fusion » entre le corps et le langage, Bernard Noël espère extraire du corps lui-même « ce corps originel saisi dans une écriture située au même niveau »[4]. Laisser passer ce qui serait ce corps originel dans la langue supposerait de ne pas lui imposer nos signes mais d'en constituer de nouveaux comme a pu l'accomplir Rimbaud dans « Voyelles », écrit en 1872. Le langage peut ainsi devenir visuel et établir une communication entre l'activité du corps vivant dans la vision et l'expression vécue dans la langue.

Le langage parlé est dans sa dimension expressive et affective comme la voix[5]. Le corps est capable de « gesticulation expressive ou d'action et d'avoir un

1. M. Bénézet, *Le Roman de la langue*, Paris, 10/18, 1977, p. 233.

2. *Ibid.*, p. 254.

3. B. Noël, *Le lieu des signes*, Paris, Jean-Jacques Pauvert, 1971, p. 13.

4. *Ibid.*

5. M.-C. Clément, F. de Lanlay, « Voix, entre deux du corps et du langage », dans B. Golse, C. Bursztejn (dir.), *Dire : entre corps et langage. Autour de la clinique de l'enfance*, Paris, Masson, 1993, p. 173.

système phonématique comme capacité de construire
des signes »[1] : un système phonématique du schéma
corporel est un système capacitaire qui fait émerger des
activations dont la perception traduit dans un langage
le rapport signifiant/signifié[2]. En tant que « théorie du
symbolisme latéral, indirecte »[3], le schéma corporel
ne possède pas de langue inconsciente dont il faudrait
être le Champollion. « L'indirect comme *constitutif* de
l'expression »[4] nous fait espérer une transparence du
contact direct avec le corps[5] comme dans les théories
linguistiques de l'*embodiment* (cognition incarnnée).

LE CORPS PARLANT

Parler directement de son corps[6] par son corps ne
peut se fonder, pour Merleau-Ponty, sur un vitalisme
intentionnel. Ce Merleau-Ponty d'avant la phénoménologie[7] est celui qui, dans *La structure du comportement*,
en 1942, refuse tout vitalisme pour l'analyse du corps
vivant : « nous voulons dire seulement que les réactions

1. M. Merleau-Ponty, *Le monde sensible et le monde de
l'expression*, Cours du collège de France, Notes, Métis Presses, 2011,
p. 204.

2. C. Da Silva-Charrak, *Merleau-Ponty, le corps et le sens*, Paris,
P.U.F., 2005, p. 118.

3. M. Merleau-Ponty, *Le monde sensible et le monde de
l'expression*, *op. cit.*, p. 205.

4. *Ibid.*

5. M.B. Crawford, *Contact*, trad. fr. M. Saint-Upéry, Ch. Jaquet,
Paris, La Découverte, 2016.

6. B. Andrieu, « Le langage entre chair et corps », dans F. Hieidseck
(dir.), *Merleau Ponty. Le philosophe et son langage*, Paris, Vrin, 1993,
p. 21-60.

7. B. Andrieu, « Merleau-Ponty avant la phénoménologie : de
l'émergentisme à l'émersiologie », *Chiasmi*, 18, 2016, p. 433-448.

d'un organisme ne sont compréhensibles et prévisibles que si on les pense, non pas comme des contractions musculaires qui se déroulent dans un corps, mais comme des actes qui s'adressent à un certain milieu, présent ou virtuel »[1]. Même si la vie ne devait être comprise que comme une somme de réactions, l'idée de signification doit être compatible avec la force vitale : car le sens de l'organisme doit être compris dans son devenir en conservant la catégorie de vie « sans l'hypothèse de la force vitale »[2].

Cette signification vivante non intentionnelle aurait une structure propre car elle serait immanente à « l'organisme phénoménal »[3] : ainsi l'idée traditionnelle de l'être mâle et de l'être femelle devrait désormais prendre en compte cette « précocité de la perception du vivant » comme la « lecture d'un seul coup et révélée dans une expression du visage, dans un geste »[4]. La signification vitale des situations est immédiatement saisie par le vertige perceptif qui nous informe directement d'un contenu *préréflexif* et inconscient vécu par le corps même. Contrairement à la science biologique comportementaliste qui ne comprend pas la signification vitale des situations, il faut reconnaître au corps vivant la perception directe par son schéma corporel qui est le résultat « de la chose sur le corps et du corps sur l'âme »[5].

Dans le chapitre intitulé « La spatialité du corps propre » de la *Phénoménologie de la perception*, Merleau-

1. M. Merleau Ponty, *La structure du comportement*, Paris, P.U.F., 1942, p. 164.
   2. *Ibid.*, p. 168.
   3. *Ibid.*, p. 170.
   4. *Ibid.*, p. 171.
   5. *Ibid.*, p. 205.

Ponty montre que l'installation de notre corps dans son monde habituel éveille une représentation inconsciente des usages techniques : par son analyse corporelle des informations mondaines, « une relation si directe s'établit que le corps de l'organiste et l'instrument ne sont plus que le lieu de passage de cette relation »[1]. Cette relation directe tient à la mesure « de l'instrument avec son corps »[2] et à l'action par laquelle « il s'incorpore les directions et les dimensions ». Pour Merleau-Ponty, c'est moins la mémoire représentationnelle des emplacements que les vecteurs gestuels qui « découvrent des sources émotionnelles » et « créent un espace expressif »[3]. Ainsi je ne pense pas quand je veux prendre un objet, c'est le corps vivant du schéma corporel qui met en œuvre « cette puissance ambulatoire »[4] qui prolonge mon intention motrice. C'est moins « le corps constitué » qui importe au schéma corporel que sa puissance constituante qui se projette : « Le corps est notre moyen général d'avoir un monde »[5]. Les habitudes motrices « comme la danse »[6] n'interdisent pas la création d'une signification nouvelle par le passage du sens propre au sens figuré.

L'habitude, et ses techniques du corps incorporées, « n'est qu'un mode de ce pouvoir fondamental » : la réduction du corps vivant à des techniques du corps incorporé nous prive des ressources de mon corps

1. M. Merleau-Ponty, *Phénoménologie de la perception*, Paris, Gallimard, 1945, p. 170.

2. *Ibid.*

3. *Ibid.*

4. *Ibid.*, p. 171.

5. *Ibid.*

6. *Ibid.* Voir aussi P. da Nobrega, *Sentir la dança ou quando o Corpo se poe a dançar*, Natal, IFRN, préface C. Imbert, 2015, p. 114-115.

comme « ce noyau significatif qui se comporte comme une fonction générale » dans lequel la relation directe au monde peut puiser pour produire une synthèse. Dans le cours de la Sorbonne de 1951-1952 sur « La psychosociologie de l'enfant », Merleau-Ponty précise comment « le corps "fait preuve d'intelligence" devant des situations entièrement neuves, le geste résout un problème qui n'a pas été posé par l'intelligence »[1].

Cette orientation du corps dans le monde dépend de la présence du monde dans le corps vivant, même si Merleau-Ponty n'utilise pas explicitement le modèle écologique comme le fera Gilbert Simondon dans le même temps[2]. Ainsi dans *Le monde sensible et le monde de l'expression*, Merleau-Ponty décrit « l'orientation du monde et du corps dans leur présence mutuelle »[3]. Le corps est situé dans le monde mais il le perçoit du milieu de l'espace. Le monde corporel n'est pas un environnement qui l'entoure, c'est un milieu perceptif. Mais le schéma corporel[4] n'est pas immédiatement disponible et définitivement établi. Par les modifications du vivant corporel, le travail d'adaptation s'inscrit dans le couple perception-action : « le schéma corporel est imminent, quoiqu'il se précise par l'action »[5]. C'est l'action qui l'actualise car sans elle le schéma corporel

1. M. Merleau-Ponty, « La psychosociologie de l'enfant », dans *Merleau-Ponty à la Sorbonne. Résumé de cours 1949-1952*, Grenoble, Cynara, 1988, p. 266.
2. G. Simondon, « Sciences de la nature et sciences de l'homme », dans *Sur la philosophie, 1950-1980*, Paris, P.U.F., 2016, p. 268.
3. M. Merleau-Ponty, *Le monde sensible et le monde de l'expression, op. cit.*, p. 79.
4. E. de Saint-Aubert, *Être et Chair. Du corps au désir. L'habilitation ontologique de la chair*, Paris, Vrin, 2013, p. 76-116.
5. M. Merleau-Ponty, *Le monde sensible et le monde de l'expression, op. cit.*, p. 139.

serait confondu avec ce qui a été déjà réalisé. Le schéma corporel n'est pas un résultat pas son imminence mais un potentiel actualisable, une action qui pourrait advenir si la situation l'exigeait. Merleau-Ponty affirme également que « la conscience linguistique » ne doit pas se fonder sur une signification qui serait un objet de la conscience mais un message sensoriel fait de vibrations ou de modulations : elle doit comprendre un mot comme « immédiatement signifiant »[1]. La conscience, même linguistique, ne thématise alors qu'une partie « en laissant tout un reste implicite ». Ainsi comprendre un mot c'est admettre cette discontinuité et cet émersens qui provient du corps vivant lui-même sans le contrôle de la conscience, « c'est les saisir *comme* variations d'une puissance indivise de parler qui est *comme* la puissance motrice du corps »[2].

L'indistinction du schéma corporel comme fond d'une praxis le rend insensible mais pas in-orienté. Les mouvements automatiques de tout le corps pré-organisent les actions sans que le sujet puisse en avoir conscience : « Donc le schéma corporel n'est pas perçu – il est norme ou position privilégiée par opposition à laquelle se définit le corps perçu. Il est avant la perception explicite. Il exige refonte de notre notion de la conscience »[3]. Cette différence entre le corps perçu, par lequel la conscience peut percevoir l'activité de son corps qui lui parvient depuis son schéma corporel mais au seuil du connaissable, et le schéma corporel, qui engage le corps vivant avant toute perception par le corps vécu,

---

1. *Ibid.*, p. 175.
2. *Ibid.*
3. M. Merleau-Ponty, *Le monde sensible et le monde de l'expression*, *op. cit.*, p. 143.

est un écart ontologique : la conscience du corps perçu dépend d'un rapport préthétique à l'espace dans lequel le schéma corporel nous oriente : « le schéma corporel et le corps sont situés non où ils sont objectivement mais là où nous nous disposons à les placer. Il résulte de là que le schéma corporel est toujours orienté sur des positions privilégiées, des normes, et que la conscience que nous en avons est surtout celle d'un écart par rapport à ces normes » [1].

Dans son cours de 1959-1960 *Nature et Logos : Le corps humain*, Merleau-Ponty retrouve le thème du schéma corporel [2] mais cette fois en rapport avec d'autres schémas corporels car il y a « des corps vivants "semblables" » [3]. L'animation d'un schéma corporel, même dans un vivant extérieur à moi, est ressentie – ici Merleau-Ponty utilise un concept psychanalytique – par introjection puis identification. Dans ses « Notes sur le corps », entre 1959 et 1960, Merleau-Ponty précise combien la topologie du schéma corporel se fonde sur la « réciprocité [et la] promiscuité du « dedans » et du « dehors » autour du schéma corporel comme axe : condensation et déplacement dans le schéma corporel en vertu de sa structure dynamique » [4]. Condensation et déplacement, métaphore et métonymie, cette fois non

1. M. Merleau-Ponty, *Le monde sensible et le monde de l'expression, op. cit.*, p. 139.

2. P. da Nobrega, « Corpo e natureza em Merleau-Ponty », *Revista Movimento*, v. 20, 2014, p. 1175-1196, républié dans P. da Nobrega, *Corporeidades. Inspiraçoes Merleau-Pontianas*, Natal, IFRN, 2016, p. 14-31.

3. M. Merleau-Ponty, *La Nature. Notes. Cours du collège de France*, D. Séglard (dir.), Paris, Seuil, 1995, p. 287.

4. Cité par E. de Saint Aubert dans « Topologie de la chair et topologie de l'être », *Vers une ontologie indirecte. Sources et enjeux*

plus dans la langue mais dans la création sémantique du corps lui-même qui se traduit en mouvements internes, gestes involontaires et autres actes manqués. Pour autant, il n'y a pas de « texte original dont notre langage serait la traduction ou la version chiffrée, nous verrons que l'idée d'une expression complète fait non-sens, que tout langage est indirect ou allusif, est si l'on veut silence »[1].

LA TENTATION D'UN LANGAGE UNIVERSEL DES GESTES

Le corps serait « bavard »[2] car il s'exprimerait à notre insu par ces non-dits[3], devenant un outil marketing[4] : le « corps-indic » transpirerait la signification par l'émission de signes auxquels nous ne prêtons pas suffisamment attention. La « décodification structurale des gestes »[5] décrit les morphèmes cinétiques dans les attitudes corporelles. Le corps s'exprimerait ainsi en son entier, le langage du corps étant « le langage de la vie »[6], les émotions humaines leur « énergèmes » c'est-à-dire les éléments de « sémantèmes »[7]. Dans cette conception énergétique, hérité de Reich, le corps n'est plus « un

critiques de l'appel à l'ontologie chez Merleau-Ponty, Paris, Vrin, 2006, p. 240.

1. M. Merleau Ponty, « Sur la phénoménologie du langage », dans *Signes*, Paris, Gallimard, 1960, p. 54.

2. S. Marinopoulos, *Le corps bavard. À notre insu, notre corps s'exprime*, Paris, Marabout, 2007, p. 182.

3. J. Fast, *Le langage du corps ? décodez ces petits gestes qui vous trahissent*, Québec, Éditions de L'homme, 1991, p. 81.

4. A. Pease, *Le langage du corps*, Paris, Nathan, 1988.

5. P. Weil, R. Tompakov, *Votre corps parle. Comprendre son langage pour en maîtriser les attitudes*, Paris, Marabout, 1975, p. 306.

6. *Ibid.*, p. 107.

7. *Ibid.*, p. 135.

épiphénomène, ni un en-soi, il est un organisme orienté dans un monde vécu sur un mode propre et spécifique »[1].

Selon nous, le corps produit des significations dans des gestes, mouvements et postures qui ne passent pas toujours dans le langage symbolique, mais qui l'animent au point de faire apparaître à la surface des signes, qui vont être interprétés par le corps d'autrui de manière implicite, comme les inclinaisons du corps, le mouvement, l'évitement, l'amorce gestuelle ou la décision motrice[2]. L'interaction motrice repose selon Pierre Parlebas sur les *gestèmes* (gestes, mimiques et attitudes qui transmettent une information intentionnelle) et sur les *praxèmes* (conduites interprétées comme des signes de comportements stratégiques); ces éléments sont perçus de manière implicite et inconsciente[3] lors de l'interaction, définissant ainsi des tactiques du corps[4].

Les intentions corporelles, pour inconscientes qu'elles soient, n'en sont pas moins inactives, car la perception met en œuvre dans le cerveau des scénarios de décision, comme le précise Alain Berthoz[5], avant que l'action corporelle n'en réalise un seul. Le corps incarne du sens avant de pouvoir l'exprimer dans une structure linguistique susceptible d'être reconnue par

1. P. Vayer, C. Roncin, *Le corps et les communications humaines*, Paris, Vigot, 1986, p. 31.
2. P. Parlebas, « La motricité ludosportive. Psychomotricité et sociomotricité », dans P. Arnaud, G. Broyer, *La psychopédagogie des activités physiques et sportives*, Toulouse, Éditions Privat, 1985, p. 335.
3. P. Parlebas (dir.), *Le corps et le langage. Parcours accidentés*, Paris, L'Harmattan, 1999, p. 24.
4. P. Parlebas, « Les tactiques du corps », dans *Approches de la culture matérielle. Corps à corps avec l'objet*, M.-P. Julien, J.-P. Warnier (dir.), Paris, L'Harmattan, 1999, p. 29.
5. A. Berthoz, *Le sens de la décision*, Paris, Odile Jacob, 1993.

la communauté lors de l'interaction proxémique. La différence entre émersion corporelle et conscience corporelle de l'intention est utile pour comprendre l'anticipation inconsciente par rapport à la mise en action volontaire du corps. Entre les deux, le travail du vivant à travers les affects, les émotions, la mémoire associative vient alimenter la production sémiotique du corps sans que la conscience puisse toujours lui attribuer un sens en l'interprétant.

Au travers des gestes[1] que nous produisons, des ajustements écologiques produits par l'activité de notre corps vivant peuvent être observés, comme nous l'avons réalisé au cours de reportages filmés par une caméra Go-Pro en première personne. Mais un pas interprétatif est accompli par les décodeurs du langage corporel : il serait possible de décrypter, à travers les gestes et postures du corps de l'autre, ses intentions et ses émotions. Une sorte de cartographie du corps, permettant de localiser et d'attribuer une signification à ces gestes, pourrait être établie par une correspondance entre le signe et le sens : « Ce sont des refrains gestuels alternatifs ou des codes d'intention significatifs, des postures ou des gestes récurrents »[2]. La résonance inconsciente des interactions avec les autres corps produirait des mécanismes gestuels. Leur interprétation est ici symboliste plutôt que symbolique : cette « sémantique gestuelle » viendrait reproduire « un message non verbal en provenance directe de votre subconscient »[3]. Se référant à

1. B. Andrieu, *Apprendre de son corps. Une analyse émersiologique des gestes*, Presses Universitaires de Rouen/CNAC, avec un DVD réalisé par R. Bender, 2017.

2. J. Messinger, *Les gestes prédictifs*, Paris, Pocket, 2007, p. 13.

3. *Ibid.*, p. 21.

l'inconscient collectif de Jung, Joseph Messinger décrit ainsi la répartition droite/gauche, haut/bas, devant/ derrière, croisé/décroisé, penché/droit… comme autant de mécanismes qui prédiraient des significations en raison de leur ancrage corporel et psychique. La réaction biomécanique des pupilles, « les mouvements oculaires qui accompagnent le discours »[1], les signaux visuels, gustatifs et tactiles seraient autant de preuves d'une activité inconsciente, comme l'obsession[2].

Philippe Turchet[3] a, lui, inventé la synergologie en 1987 pour décrypter la structure du langage corporel comme langage universel[4]. Le mot synergologie a été formé à partir des préfixes « sun » (être ensemble), « ergo » (actif) et « logos » (discours) pour décrire comment il est possible d'être actif en situation de production de discours. Cette universalité supposerait des structures, qu'il estime phylogénétiques, que nous reproduirions naturellement en fonction des interactions avec les autres sans nous en rendre compte. Contrairement à J. Messinger qui met l'accent sur le contexte culturel, cette universalité génétique du langage met au contraire l'accent sur la traduction de la nature du corps dans l'interaction gestuelle. Ainsi, tout en étant inconscients et incontrôlables, 2 800 signes seraient identifiables,

1. J. Messinger, *Ces gestes qui vous séduisent*, Paris, Pocket, 2004, p. 35.

2. J. Messinger, *Le dico illustré des gestes*, Paris, Flammarion, 2009, p. 516.

3. P. Turchet, *La synergologie. Pour comprendre son interlocuteur à travers sa gestuelle*, Paris, Éditions de l'Homme, 2000.

4. P. Turchet, *Le langage universel du corps*, Paris, Éditions de l'Homme, 2013.

comme le choix non conscient du doigt, la direction du geste ou l'expression du visage.

Moins radicaux, Jocelyne Vaysse et Jacques Cosnier, ont développé dans leur recherche linguistique une sémiotique des gestes communicatifs [1] en psychologie du langage. Ils ont distingué les gestes « co-verbaux », les gestes « paraverbaux », les gestes « quasi-linguistiques » (c'est-à-dire communicatifs conventionnels), et les gestes « synchronisateurs ». Les gestes quasi-linguistiques accompagnent le discours sans intention. Les gestes d'« auto contact » ou de « manipulation » renvoient à la vie émotionnelle.

Grâce à la thèse de Nicolas Burel, et avec Sabine Cornus [2], nous avons justement pu distinguer des *gestes volontaires* (le geste est l'objet même du discours, par exemple lors d'une démonstration), des *gestes automatisés* (le geste accompagne le discours en l'appuyant, par exemple un geste langagier des mains), et des *gestes émersifs* (le geste accompli de façon non-volontaire est totalement dissocié du discours, comme un soupir ou une microdémangeaison). Une grille de codage répertorie également des paramètres de *mouvement* (le déplacement d'un segment corporel) et de *posture statique* (la position immobile d'un segment corporel). Enfin, notre outil repère les contacts tactiles initiés lors de l'interaction (le *toucher*) ou en direction de soi-même (les *autocontacts*).

1. J. Cosnier, J. Vaysse, « La fonction référentielle de la kinésique », *Revue Protée*, 1992, p. 40-50 ; « Sémiotique des gestes communicatifs », *Nouveaux actes sémiotiques*, 52, 1997, p. 7-28.

2. N. Burel, S. Cornus, B. Andrieu, « Ce corps qui ne ment pas. Croisements méthodologiques des ressentis sur le vécu et du comportement in situ », dans N. Burel (dir.), *Corps et méthodologies*, Paris, L'Harmattan, 2016, p. 67-82.

LE TOURNANT LINGUISTIQUE DES *BODIES STUDIES*

Mais l'inscription épistémologique de ces émersions corporelles dans le texte conscient est dénoncée par Christophe Prochasson comme un *empire des émotions* : « Comment écrire sur ce que l'on connaît directement, voire sur soi, en renonçant à un style qui apparenterait l'analyse au simple récit d'une expérience personnelle, au pire à un règlement de comptes ? »[1]. L'histoire des sensibilités est certes devenue une clinique de l'écriture[2] comme prose du corps : mais les tatouages de prisonniers ou d'adolescents[3], les bracelets de parchemin[4] sont autant d'écrits de soi sur soi sans lesquels toutes inscriptions de la vie des corps disparaîtraient.

L'expérience corporelle transforme la marque en référent d'individuation, en signant sur le corps l'histoire du sujet. Le récit des corps[5] va au-delà du récit de soi en incarnant une expérience soit à même la peau tannée, blessée ou modifiée, soit dans la chair intime[6] qui échappe au langage corporel qui tente de la décrypter. Le sujet incarnant ses marques assume son identité moins

1. C. Prochasson, « L'histoire à la première personne », dans *L'empire des émotions. Les historiens dans la mêlée*, Paris, Éditions Démopolis, 2008, p. 65.

2. P. Artières, *Clinique de l'écriture. Une histoire du regard médical sur l'écriture*, Paris, Les Empêcheurs de penser en rond, 1998, p. 92-95.

3. C. Rioux, *Ados : scarifications et guérison par l'écriture*, Paris, Odile Jacob, 2013, p. 85.

4. A. Farge, *Le bracelet de parchemin. L'écrit sur soi au xviii e siècle*, Paris, Bayard, 2003, p. 17.

5. A. Farge, *Effusion et tourment, Le récit des corps. Histoire du peuple au xvii e siècle*, Paris, Odile Jacob, 2007, p. 173.

6. D. Vaudoiset, *La chair de l'écriture. Petit traité de graphothérapie*, Aubénas, Éditions Le fil Invisible, 1999, p. 22.

comme une revendication contestataire que comme une action remarquable d'existence. François Perrier précise combien ce corps-là est « le non-analysable »[1] car il devient signifiant dans le symptôme ou le texte.

L'étude des expressions pour parler du corps n'indique pas seulement l'existence du corps et le langage mais participe d'une technique de mise en œuvre sur et dans le corps par les jeux du langage[2], comme nous l'avons montré dans le chapitre sur la grammaire chez Wittgenstein. Avec le corps, l'étude des discours, métaphores et langages ne relève pas seulement d'un tournant linguistique des *bodies studies*. Le corps vient renouveler la fonction même du langage en le désignant dans ses parties au fur et à mesure des découvertes qui l'objectivent dans les sciences du corps. Le langage du corps n'est-il pas dès lors une « extension métaphorique? »[3].

L'étude des métaphores du corps, dès le monde antique[4], place ainsi la femme dans son corps à travers, précise Emily Martin, le langage, les images, les dispositifs sanitaires et les lieux de travail : « Bien que les femmes résistent à des procédures médicales spécifiques telles que la section de césarienne ou l'anesthésie pendant l'accouchement, elles semblent incapables

1. F. Perrier, *Les corps malades du signifiant. Le corporel et l'Analytique*, séminaire 1971/72, Paris, Inter-Éditions, 1984, p. 24.

2. C. Cavaillé, *Les jeux du langage chez Wittgenstein*, Paris, Éditions Démopolis, 2016, p. 52-53.

3. M. Snauweart, « Langage du corps : une extension métaphorique? », dans J.-M. Devésa (dir.), *Le corps, la structure. Sémiotique et mise en scène*, Bordeaux, Éditions Pleine Page, 2004, p. 77.

4. V. Dasen, J. Wilgaux (dir.), *Langages et métaphores du corps dans le monde*, Presses Universitaires de Rennes, 2008, p. 8.

de résister aux hypothèses sous-jacentes derrière ces procédures : que le soi et le corps sont séparés, que la contraction est involontaire, que la naissance est une production »[1]. À travers les pratiques corporelles réelles vécues par les femmes se découvre la construction du corps anatomique, sexuel et social par le moyen du savoir masculin[2]. *The Woman in the Body* présente une analyse culturelle de la reproduction. La femme a été placée dans la métaphorisation de son corps par le biais d'une science médicale[3] à travers les représentations et les classifications culturelles. Le langage et l'imagerie culturelle définissent les représentations de la naissance, de la contraception et même du corps de la femme, à l'intérieur même des désignations scientifiques. De même, à travers son livre, Nelly Oushoorn décrit bien ces désignations dans l'émergence de l'endocrinologie sexuelle à travers les réseaux entre gynécologie et industries pharmaceutiques qui instrumentalisent le corps féminin. Dépassant l'analyse du strict laboratoire et de ses idéologies qui dirigeraient les acteurs de la science, elle montre comment « le laboratoire ne reflète pas seulement les préjugés sexistes dans la société, il est l'endroit même où le genre est construit et se métamorphose »[4]. Le corps devient lui-même, avec l'institution de la recherche biotechnologique, un matériau avec un statut

1. E. Martin, *The woman in the body*, Beacon Press, 1987, p. 89 (notre traduction).

2. A. Jardine, *Gynesis. Configurations de la femme et de la modernité*, Paris, P.U.F., 1983.

3. E. Martin, « Medical metaphors of women's bodies : menstruation and menopause », *The Woman in the Body*, 1987, p. 27-67.

4. N. Oudshoorn, « On the making of sex hormones : Research Materials and the production of knowledge », *Social Studies of Sciences*, 1990, p. 26.

construit « de phénomène naturel universel »[1]. Ainsi les métaphores sont un moyen d'exprimer le corps vivant, mais sans parvenir au noyau originel par la puissance de l'image qui illustre en déplaçant le sens.

UNE ÉCORCE SANS NOYAU

Nicolas Abraham et Maria Torok ont justement déconstruit cette métaphore freudienne de l'écorce protectrice du moi, dont le noyau serait inconscient. Le hiatus de la non-présence à soi, condition de la réflexivité en phénoménologie et en psychanalyse, ne doit pas nous conduire à la réduction de l'impensé, ni à l'impensable, ni à la pensée consciente : ainsi ces « images allusives à l'intouché nucléique de la non-présence ne sauraient *signifier* rien à proprement parler, sinon le silence fondateur de tout *acte de signification* »[2]. Plutôt qu'une re-signification, il convient de dé-signifier, de dépouiller les mots de leur signification pour interroger ce qui émerge du corps vivant dans la structure sémantique. Cette anti-sémantique que devrait être la psychanalyse, comme « anasémie »[3], suppose que le somatique – ce que nous appelons le corps vivant – doit « être tout autre chose que le corps propre qui relève du psychisme »[4]. En confondant le somatique avec le corps propre, comme le corps vivant avec le corps vécu, une langue physicaliste pourrait s'établir, comme nous l'avons vu au cours de la

---

1. N. Oudshoorn, « Au sujet du corps, des techniques et des femmes », dans D. Gardey, I. Lowy (dir.), *L'invention du naturel*, Paris, Éditions de l'EHESS, 2000, p. 42.

2. N. Abraham, M. Torok, *L'écorce et le noyau*, Paris, Flammarion, 1987, p. 210.

3. N. Abraham, M. Torok, *L'écorce et le noyau*, op. cit., p. 211.

4. *Ibid.*, p. 213.

première partie de ce livre, par une correspondance, ou une causalité entre l'écorce et le noyau : « le Somatique doit donc régner dans une non-présence radicale derrière l'Enveloppe où se déroulent les phénomènes à nous accessibles. C'est lui qui envoie ses messagers à l'Enveloppe, l'excite depuis le lieu que celle-ci recèle »[1].

En désignifiant le somatique, mais en lui attribuant, sinon une intentionnalité, du moins une adresse, se pose la question que nous examinons ici d'une source à la production signifiante. Avec l'émersens, nous voudrions avancer que l'émersion du vivant dans le corps vécu ne prend sens qu'à l'intérieur des imaginaires et des symboliques d'une culture donnée, mais ne possède pas de sens en lui-même. L'émersens est un mouvement du vivant qui ne devient une émission que pour un récepteur sémantique comme la conscience du corps vécu ; l'émersens constitue des informations sensorielles qui sont activées avant que j'en sois conscient, si bien que quand il émerse au niveau de la conscience, sa matérialisation en trace mémorielle devient une représentation en sensations, affects, représentations, fantasmes ou images.

Le vécu archaïque de la fusion entre le fœtus et la mère est un état de non-différenciation qui se poursuit psychiquement après la naissance ; mais ce vécu repose encore sur une perception fragmentaire du monde, de soi et des autres : le morcellement du corps conserve pourtant la mémoire des rythmes et mouvements. Ainsi la danse, pour France Schott-Billman, « réveille ce corps-mémoire en faisant revisiter au danseur les strates oubliées de

---

1. N. Abraham, M. Torok, *L'écorce et le noyau, op. cit.*, p. 211.

son histoire »[1] ; ainsi le balancement[2] tribal répète le bercement fœtal, liant l'ontogenèse à la phylogenèse, la nature vivante à la culture corporelle. Le mouvement serait premier et le corps précèderait le langage de la danse qui n'en serait que la répétition et la reprise.

Le corps vivant peut donc devenir un corps de langage, mais au prix d'un travail d'interprétation. Le corps peut ainsi exprimer inconsciemment ce qu'il a incorporé soit involontairement lors de la constitution fœtale et de ses habituations infantiles, soit volontairement lors des apprentissages conservés dans sa mémoire. L'hystérie est un témoignage sémantique de cette expression inconsciente du corps, mais la conscience ne peut comprendre la signification du symptôme non organique. Freud a en ce sens pu démontrer que la psychopathologie de la vie quotidienne pouvait nourrir les lapsus pour laisser émerser le sens vivant d'une action en cours. Le lapsus et l'acte manqué indiquent en effet combien le corps est traversé par des intentions tacites et secrètes qui visent directement la vérité du désir du sujet. L'intention corporelle, à la différence de l'intention consciente, peut prendre des voies plus directes et strictement physiologiques pour exprimer dans la parole même – mais plus souvent dans l'acte corporel (le passage à l'acte), l'intensité sémantique qu'elle contient.

L'unité somatopsychique n'est pas une fiction descriptive mais un postulat nécessaire pour comprendre les relations internes et intimes entre le corps et le sujet psychique. La difficulté est de décrire comment le corps

1. F. Schott-Billman, « La mémoire du corps », *Le besoin de danser*, Paris, Odile Jacob, 2001, p. 44.
2. F. Schott-Billman, « Le balancement », *La danse qui guérit*, Éditions La Recherche en danse, chap. 8, 1994, p. 131-150.

produit des significations psychiques, qu'elles soient tacites, implicites et incorporées, sans réduire le contenu psychique à une donnée neurobiologique. L'unité, et non l'unification fusionnelle somatopsychique, doit décrire comment le corps par son interaction produit plusieurs niveaux d'activité sémantique non intentionnels sans que la conscience puisse en être la cause. Ainsi pour Roland Gori la pulsion précède le langage car elle est une « construction de phénomènes chaotiques »[1] : le langage ne serait que « « cette peau verbale » que j'ai appelée « murailles sonores » »[2].

Mais tout *du* corps n'est pas exprimable *par* le corps : le potentiel sémantique du corps est supérieur aux capacités inconscientes et conscientes du corps[3]. Ce surcroît de sens incarné rend à l'expression sa dimension d'extériorisation d'une intériorité transcendante, jamais entièrement réductible à une manifestation immanente aux signes et aux codes de nos cultures. « Le corps en tant qu'actant »[4] lui fait produire, par son inertie, « les propriétés figurales élémentaires : autonomie schématique, singularité et identité »[5]. À côté de la programmation d'action, l'erreur, l'acte manqué, la maladresse et l'accident sont autant d'épreuves sémiotiques d'un corps imparfait ; les aléas de l'action prouvent la résistance et l'inertie du corps actant dans la réalisation de l'intention linguistique.

1. R. Gori, *Le corps et le signe dans l'acte de parole*, Paris, Dunod, 1978, p. 47.

2. *Ibid.*, p. 48. Voir aussi R. Gori, « Les murailles sonores », *L'Évolution Psychiatrique*, n° 4, 1975, p. 779-803.

3. J. Fontanille, *Soma et séma*, Paris, Éditions Maisonneuve, 2004.

4. J. Fontanille, *Corps et Sens*, Paris, P.U.F., 2011, p. 14.

5. *Ibid.*, p. 16.

Pourtant la signification accordée à ces expressions corporelles ne renvoie pas seulement aux incorporations individuelles de l'environnement par la chair du corps. Ces significations dépendent de la réception critique des autres corps qui influencent non seulement le mode d'expression et sa mise en scène, mais aussi le type, l'identité et la nature de l'expression corporelle. La pudeur et la censure sont deux critères sociaux qui soulignent combien l'expression corporelle dépend moins du moi que des autres : la représentation de ce qu'il est possible d'exprimer corporellement est relative à la normativité esthétique du corps social. Une philosophie de l'expression corporelle repose sur cette herméneutique de l'apparence qui a conduit, comme nous l'avons vu plus haut, Maurice Merleau-Ponty à une distinction entre ce qui est exprimable et ce qui est inexprimable. Un corps inexpressif est celui qui n'interagit pas avec son environnement, faute d'un passage dans les modes d'expression du corps.

Mais cette absence d'interaction expressive n'indique pas une inactivité sémantique du corps qui peut tendre vers l'expression sans y parvenir, soit en raison d'une informulation de l'intention corporelle, soit en raison d'une inconsistance du vécu corporel. Si le corps est langage, tout le langage n'exprime pas le corps, si bien que l'inexpressivité incite à interpréter le silence, le visage ou la posture à partir de ce que le monde extérieur en comprend, mais sans que l'on puisse être certain de l'adéquation herméneutique entre le signe et le sens. La neuropsychologie cognitive présuppose moins un esprit qu'une production intentionnelle par l'activité perceptive, l'activation mnésique et la médiation corporelle.

Selon Alice Miller, « le corps ne ment jamais »[1], sa transparence sémantique accorde au mythe corporel la dimension d'un langage universel. Tout signe à la surface de la peau est diagnostiqué, tout geste trouve sa signification dans une interprétation du corps. Pourtant Merleau Ponty rappelait combien « le corps n'a pas toujours de sens »[2], faute d'une expressivité suffisante pour délivrer dans le monde des sentiments parfois si intimes.

EXPÉRIENCE DIRECTE, LANGAGE DIRECT ?

Cette absence de texte original pose le problème de savoir s'il y a une expérience directe du corps vivant dans une connaissance de la sensation. Erwin Strauss analyse cette métamorphose de la communication dans le passage du sentir au connaître : « dans nos relations avec nos semblables, nous réagissons à d'innombrables indices expressifs, sans savoir à quoi nous réagissons, mieux, sans savoir que nous réagissons de quelque manière »[3]. Un système explicatif du comportement expressif ne parvient pas à nuancer suffisamment nos réactions. La compréhension prélinguistique de la mimique, du regard ou du geste, révèle en réalité un « monde alinguistique (qui) est dominé par le sentir »[4] car ce dernier s'impose à nous par sa trop grande intensité et immédiateté ; la vitesse et l'envahissement émotionnel rendent impossible une

---

1. A. Miller, *Notre corps ne ment jamais*, Paris, Flammarion, 2004.
2. M. Merleau-Ponty, *La structure du comportement*, *op. cit.*, p. 226.
3. E. Strauss, *Du sens des sens. Contribution à l'étude des fondements de la psychologie*, Paris, Million, 2000, p. 236.
4. *Ibid.*, p. 239.

réflexivité du corps vécu sur ce qui émerse de son corps vivant, ne pouvant le contenir dans une représentation.

Même si la physique paraît donner accès à cette expérience directe, Köhler souligne combien, comme dans les sciences humaines et sociales, « les objets physiques influencent un système physique particulièrement digne d'intérêt, mon organisme, et que mon expérience objective provient, en conséquence, de certains processus compliqués se déroulant au sein de ce système »[1]. En commençant l'étude de la physique, Köhler reconnaît ne pas étudier seulement des connaissances sur le monde de la physique, comme pourrait le croire le physicalisme béhavioriste critiqué dans notre première partie. Les choses physiques existent bien à l'extérieur de nous-mêmes au point que l'objectivité la plus réelle est en elles. La confrontation avec le monde de l'expérience directe paraît dès lors être la seule pensable car « il est évident que l'induction ou l'interprétation ne suffisent pas à conduire à bien un examen du monde physique »[2]. Ainsi l'expérience est le mode d'accès au mode physique : « tout ce que je sais du monde physique fut déduit ensuite de certains événements dans le monde de l'expérience »[3].

Köhler distingue alors le caractère privé de l'expérience directe et les expériences objectives : le physicien « suppose donc tacitement que les autres physiciens ont des expériences objectives hautement semblables aux siennes, et il n'hésite pas à tenir les paroles de ses collègues pour des comptes rendus de

---

1. W. Köhler, *Psychologie de la forme. Introduction à de nouveaux concepts en psychologie*, Paris, Folio-Gallimard, 1964, p. 29.

2. *Ibid.*, p. 30.

3. W. Köhler, *Psychologie de la forme. op. cit.*, p. 30-31.

leurs expériences » [1]. Il convient de penser son propre organisme comme un système physique qui n'est pas sans interaction avec le contenu et le mode d'observation : « comme le physicien qui observe son appareil, je ne crains pas que mon activité d'observation puisse exercer une influence sérieuse sur les caractéristiques de ce que j'observe – à condition que je me maintienne en tant que système physique à une distance suffisante de l'appareil en tant qu'autre système physique » [2]. Dès lors que le matériel à observer et le processus d'observation, mon corps (ou organisme) sont des systèmes physiques, ils appartiennent « au même système » [3]. Si l'expérience directe d'autrui nous est inaccessible c'est en raison même de l'impossibilité d'avoir, en sortant de notre organisme, une expérience directe de la réalité.

Ainsi les vérités soi-disant établies par l'introspection reposent sur le principe que ce qui a été éprouvé « pendant l'introspection constitue l'expérience véritable et persiste » [4] jusque dans le retour dans l'attitude naïve. Contre l'introspectionnisme et le béhaviorisme, Köhler reconnaît la difficulté de distinguer les faits perceptuels de nos corps. Nous croyons localiser dans notre corps nos expériences subjectives car elles se fondraient avec leurs caractéristiques perceptuelles : mais « il est extrêmement difficile, en bien des cas, de décider si un fait subjectif est une impression ressentie par notre corps ou par nous-mêmes en un sens beaucoup plus restreint » [5].

---

1. W. Köhler, *Psychologie de la forme. op. cit.*, p. 36.
2. *Ibid.*
3. *Ibid.*, p. 37.
4. *Ibid.*, p. 96.
5. *Ibid.*, p. 245.

Les conséquences sont importantes pour notre connaissance par le corps du corps des autres. Car si nous nous en tenons seulement à notre perception, nous « tenons pour acquis que les directions, tensions, efforts, excitations, etc., des autres personnes s'expriment dans et sur leurs corps »[1]. Cantonné à la surface du corps de l'autre, que comprenons-nous de son vécu ? : « Et cependant, vu sous l'angle de la description phénoménologique, cela ne serait pas toujours, car les événements en question ne se produisent qu'à la surface du corps d'une autre personne, sans aucun doute possible. Il arrive, en effet, que ces événements paraissent émerger parfois de l'intérieur du corps. Cette observation contredit-elle notre analyse ? La réponse ici est contenue dans une autre question. Qu'est-ce donc que cet « intérieur » d'où semblent dériver ces événements ? C'est évidemment de l'intérieur du corps, en tant qu'entité perceptuelle, qu'il s'agit. Si des événements se produisent à partir d'un volume, entouré par une certaine surface, le volume comme la surface appartient au même monde. Ce dernier, dans le cas qui nous préoccupe ici, c'est le monde des faits perceptuels. Ces événements donc émergent du corps, de l'intérieur du corps »[2]. Kölher souligne de manière lucide : « On pourra se demander comment il se fait qu'un évènement puisse sembler émerger de l'intérieur d'un corps quand cet intérieur n'est pas visible »[3].

1. *Ibid.*, p. 246.
2. *Ibid.*, p. 247
3. W. Köhler, *Psychologie de la forme. op. cit.*, p. 248, note 1.

LE MIRAGE DE L'EXPRESSION

Sur cette question de l'impénétrabilité de la surface du corps d'autrui, Vladimir Jankélévitch précise dans son ouvrage *La musique et l'ineffable*, contre l'expressionnisme instrumental, que la musique émise par l'instrument « rétrécit la musique inaudible pour s'en donner la perception »[1]. La perception est un filtre qui nous fait croire en une relation directe entre « l'onde directe ou efférente et l'onde induite »[2] en raison de la superposition expressive : la matière sonore se forme dans une « étroite interaction du sens et de l'acte »[3]. Si l'impressionnisme est la première de nos réactions car il constitue un savoir sur le ressenti par notre perception du monde, il ouvre en même temps la « recherche de l'inexpressif »[4].

Car le flou[5] pose non seulement la question de la frontière du visible de ce qui va émerser de l'invisible dans le visible perceptif. La perception ne se projette pas seulement dans l'œuvre impressionniste pour y reconnaître un contenu, elle est désormais confrontée avec Ravel, Stravinsky ou Prokofiev à cette « indifférence affectée de ne rien exprimer »[6]. Ainsi la cacophonie et le bestiaire définissent une antirhétorique qui transperce l'expression pour laisser passer le vivant du monde, des humeurs et des passions. L'évocation, par laquelle

1. V. Jankélévitch, *La musique et l'ineffable*, Paris, Seuil, 1983, p. 37.

2. *Ibid.*, p. 39.

3. *Ibid.*, p. 41.

4. *Ibid.*, p. 42.

5. M. Makaruis, *Une histoire du flou. Aux frontières du visible*, Paris, Éditions du Félin, 2016.

6. V. Jankélévitch, *La musique et l'ineffable*, *op. cit.*, p. 57.

s'exhale comme un parfum l'âme qui est « le charme du corps »[1], est un sens qui ne se fractionne pas comme une « totalité impalpable et indivise »[2].

Mais l'inexpressif est-il nécessairement inexprimable? Les nuances inexprimables directement peuvent néanmoins s'exprimer à l'infini « dans un entre-croisement inextricable de bifurcations bifurquées, dans un réseau labyrinthique de carrefours »[3]. Se référant au « je ne sais quoi »[4], l'inexprimable-ineffable n'est jamais entièrement indicible car exprimable à l'infini, même si la forme de cette expressivité n'est pas encore trouvée. Ce que nous nommons ici l'émersens est justement cette émergence infinie de la signification au fur et à mesure qu'elle trouve une forme pour se rendre expressive. D'innombrables associations et possibilités d'interprétations « se compénètrent au lieu de s'entr'empêcher comme s'entr'empêchent, dans l'espace, les corps impénétrables localisés chacun en son lieu propre »[5].

DIRE L'INDICIBLE

L'indicible des camps de concentration qui affleure dans les journaux intimes, les textes littéraires, les témoignages des survivants et les archives est, selon Giorgio Agamben, une « puissance qui accède à la réalité à travers une impuissance de dire, et une impossibilité qui accède à l'existence à travers une possibilité de

1. *Ibid.*, p. 70.
2. *Ibid.*
3. *Ibid.*, p. 83.
4. *Ibid.*, p. 94.
5. *Ibid.*, p. 95.

parler » [1]. En passant de l'indicible à l'imprescriptible, le témoin [2] ne parvient pas toujours à transcrire la limite d'expressivité du corps vivant dans la conscience du corps vécu. À la vue des photos [3] de chambre à gaz réalisées en août 1944 par les membres du Sonderkommando du Crématoire V de Birkenau, la question se pose : « Que faire en effet. Laisser le « trou noir » nous miner de l'intérieur, muettement, absolument ? Ou bien tenter de faire retour, de le regarder, c'est-à-dire de le mettre en lumière, de le sortir du noir ? » [4]. L'émotion peut être si forte dans le vivant du corps que le langage ne suffit pas pour la contenir ni la retenir. À la fois soi et hors de soi, l'émotion est « un mouvement affectif qui nous « possède » mais que nous ne « possédons » pas jusqu'au bout, dans la mesure où il nous demeure en grande partie inconnu » [5]. Enfouies en nous, les émotions passent par ces « gestes que nous effectuons sans nous rendre compte qu'ils viennent de très loin dans le temps. Ces gestes sont comme des fossiles en mouvement » [6]. L'émotion traverse le vivant même si la conscience du corps vécu n'a plus la sensation. Ainsi, Charlotte Delbo écrit que « tous les sens étaient abolis par la soif » à cause de la privation d'eau à Auschwitz [7]. Le gonflement des chairs, les lèvres déchiquetées, la langue dure comme du bois sont autant

1. G. Agamben, *Ce qui reste d'Auschwitz*, Paris, Rivages Poche, 2003, p. 159.

2. M. Pollak, *L'expérience concentrationnaire. Essai sur le maintien de l'identité sociale*, Paris, A.-M. Métailié, 1990.

3. G. Dibi-Huberman, *Images malgré tout*, Paris, Minuit, 2003, p. 11-28.

4. G. Dibi-Huberman., *Sortir du noir*, Paris, Minuit, 2015, p. 13.

5. G. Dibi-Huberman, *Quelle émotion ! Quelle émotion ?*, Paris, Bayard, 2013, p. 35.

6. *Ibid.*, p. 39-40.

7. C. Delbo, *Une connaissance inutile*, Paris, Minuit, 1970, p. 42

de douleur du corps vivant qui détourne l'esprit vers la quête de l'eau. « L'odeur des crématoires, nous ne la sentions plus [...] on ne sentait absolument rien »[1].

Quand Robert Antelme publie *L'espèce humaine*, son livre sur les camps, son récit exprime bien le fossé entre son expérience vécue et la capacité à en rendre compte par le langage : « Nous voulions parler, être entendus enfin. On nous dit que notre apparence physique était assez éloquente à elle seule. Mais nous revenions juste, nous ramenions avec nous notre mémoire, notre expérience toute vivante et nous éprouvions un désir frénétique de la dire telle quelle. Et dès les premiers jours cependant, il nous paraissait impossible de combler la distance que nous découvrions entre le langage dont nous disposions et cette expérience que, pour la plupart, nous étions encore en train de poursuivre dans notre corps. [...] Cette disproportion entre l'expérience que nous avions vécue et le récit qu'il était possible d'en faire ne fit que se confirmer par la suite. »[2].

LE STYLE INCARNÉ

La création se définit alors dans cette possibilité d'inventer de nouveaux modes d'expression à partir de la chair de notre corps, de l'interprétation des signes corporels dont l'expressivité reste relative aux modes imaginaires et symboliques de créativité. Ainsi, les arts modifient les accès à la chair du corps en proposant des performances, des représentations, des innovations formelles. L'inventivité esthétique, même si elle ne

1. *Ibid.*, p. 56.
2. R. Antelme, *L'espèce humaine*, Paris, Gallimard, 1977, p. 9.

parvient pas à épuiser la fécondité incorporée de la chair du corps, en manifeste indéfiniment des traits nouveaux.

Dès lors que l'expression est un résultat de l'activité du corps, l'expressivité est une qualité de la matière qui produit des formes intentionnelles qui tendent à se réaliser à travers les vecteurs linguistiques incorporés comme structures d'expression au cours des apprentissages. Mais le passage de l'expressivité potentielle à l'expression corporelle devient une intention corporelle. La signification corporelle organise les matériaux de l'intention en les ressemblant, en les orientant et en décidant neurocognitivement de la production intentionnelle à tel moment et dans telles occasions. Le corps n'est que structurellement intentionnel ; pour exprimer son intentionnalité, les conditions de sa signification vécue doivent être remplies pour réaliser dans l'action ce que nous reconnaissons de l'extérieur du corps d'autrui comme significatif, sinon comme sa signification.

Le style serait ainsi reconnaissable dès la mise en œuvre par les traits singuliers de l'exprimé corporel. Le corps d'autrui trouverait dans l'exprimé une incarnation singulière de sa subjectivité, le style corporel de l'œuvre exprimant le sujet hors de lui-même tant comme représentant que comme manifestation. Ainsi la reconnaissance d'un mode d'expression comme la signature de telle personne plutôt que de telle autre (sa démarche, ses traits, sa façon de parler) démontre combien l'expression subit l'influence des modes d'incorporation. L'expression excorpore ce qui a été incorporé en restituant dans le signe la saveur, l'odeur, la perception vécue par le corps. Comme une logorrhée sémantique, l'excorporation expressive restitue le vécu de l'incorporé, mais un incorporé transformé par le travail corporel des émotions, des affects et des perceptions.

Constituée d'*habitus* et de techniques corporelles, la chair du corps exprime subjectivement plus qu'elle ne reproduit objectivement les incorporations de ses interactions environnementales. Un strict externalisme (comme celui de Mauss ou de Bourdieu) pourrait faire croire que l'expression corporelle est la reproduction des normes, stéréotypes et modèles sociaux : le corps vécu n'aurait aucun pouvoir de transformation de l'environnement social lors de son incorporation. Un strict internalisme pourrait faire accroire que l'expression relèverait de la pure créativité du corps sans aucune influence des incorporations et des interactions. Nous pensons que l'expression corporelle est une version transformée par le vécu corporel des incorporations externalisées, rendant ainsi singulier le style de chacune d'elle. L'intensité de l'expression corporelle dépend de la synthèse constituée par la chair du corps.

UN SYMBOLE FLUIDE

L'établissement d'une interprétation fixiste – sinon universelle – des signes du corps conduit à une correspondance entre un geste du corps et une signi-fication comportementale et culturelle. Comme nous l'avons indiqué, Messinger est très représentatif de ce vocabulaire dans lequel un signifiant est égal à un signifié par une lecture univoque et universelle. Contre ce monisme linguistique d'un langage corporel symboliste qui réduit tout signifiant à un signifié, la symbolisation corporelle comme réalité émersive doit être affirmée. Mais comment ?

Gilles Deleuze oppose à la pensée allégorique la dimension du symbole qui « est la pensée des flux »[1]. Car refusant le système de jugement, Deleuze, fidèle à Bergson, propose de ne pas traduire la relation physique « en rapports logiques, le symbole en images, le flux en segments, l'échange découpé en sujets et en objets, les uns pour les autres »[2]. Le risque de ces « fausses connexions » est d'établir des relations de causes à effet là où les flux du vivant traversent plutôt le langage : « du monde physique des flux, nous abstrayons un double exsangue, faits de sujets, objets, prédicats, relations logiques »[3]. Pour Deleuze, Lawrence esquisse une théorie du symbole comme « un procédé dynamique pour l'élargissement, l'approfondissement, l'extension de la conscience sensible, c'est un devenir de plus en plus conscient, par opposition à la fermeture de la conscience morale sur l'idée fixe allégorique »[4].

En devenant de plus en plus conscient, le sens puise dans cette intensité toute sa vivacité qui devient de plus en plus vive dans la langue même : « C'est une méthode d'Affect, intensive, une intensité cumulative, qui marque uniquement le seuil d'une sensation, l'éveil d'un état de conscience »[5]. La conscience ne contient pas encore le sens du symbole, car la puissance du symbole atteint juste son seuil, et ne fait qu'éveiller (au sens pour nous d'émersion). Cet « éveil d'un état de conscience » est seuil d'une sensation rendue sensible

1. G. Deleuze, F. Deleuze, préface à D.H. Lawrence, *Apocalypse*, Paris, Balland, 1978, p. 31.

2. *Ibid.*, p. 36.

3. *Ibid.*

4. *Ibid.*, p. 29.

5. *Ibid.*, p. 30.

à la conscience seulement par l'intensité affective du symbole. En réduisant le symbole à une signification établie, le tourbillon dynamique définit le symbole comme « rotatif », comme « un maelström » : « il n'a ni début ni fin, il ne nous mène nulle part, il n'arrive nulle part, il n'a surtout pas de point final, ni même d'étapes »[1]. En restant au milieu et étant lui-même un milieu, le symbole recueille l'activité du corps vivant par son principe d'action et le corps vivant trouve dans les formes symboliques une signification fluide.

UNE GESTICULATION ÉMERSIVE

En comprenant le travail du rééducateur des phénomènes vocaux et des mouvements expressifs de l'être humain comme une méthode somatique expressive, l'historien Franck Waille décrit les exercices corporels en dehors de la discipline gymnique. Car la discipline « Harmonic Gymnastics » est plutôt une expression de son disciple américain MacKaye. À partir d'une anthropologie des émotions, le mouvement anatomique est lié à un ressenti de couleurs : chaque tissu, comme aujourd'hui dans le *Body-Mind centuring*, est « porteur d'une « tonalité » particulière, d'un esprit (*mind*) pouvant donner une qualité particulière au mouvement dès lors que la conscience mobilise ce tissu dans l'action »[2].

François Delsarte a su définir la visée expressive du travail corporel réalisé par le geste. Pour être émersive, la justesse des gestes est pour lui le média par excellence de l'intériorité par les dimensions statique, dynamique

1. *Ibid.*
2. F. Waille, *La méthode somatique expressive de François Delsarte*, Paris, Éditions L'Entretemps, 2016, p. 134.

et séméiotique du geste, car « le geste constitue le langage elliptique »[1]. Le propre du sens des gestes et des mouvements du corps relève d'un autre niveau que celui du langage articulé. Le triple appareil de l'être humain en gestes, en inflexions vocales et en parole articulée est à distinguer du mouvement porteur d'une double polarité : passive dans le déplacement dans l'espace, et active, « liée au mouvement intérieur »[2]. La coordination progressive des gestes et des capacités visuelles du nourrisson est déjà une expérience qui prouve « un pouvoir d'adaptation spécialisé originel », que Dewey appelle la « *malléabilité* » : « cela signifie le pouvoir de modifier les actions de base des résultats d'expériences antérieures, le pouvoir d'acquérir des dispositions, sans lequel l'acquisition des habitudes est impossible »[3]. Dewey, à la différence de Mauss, fonde l'*habitus* non pas sur l'incorporation mais sur le contrôle de l'environnement par l'expérience acquise ; l'habitude est une habileté, « un contrôle actif de l'environnement au moyen du contrôle des organes d'action. On a peut-être tendance à mettre l'accent sur le contrôle du corps aux dépens du contrôle de l'environnement »[4]. La capacité de varier les réponses s'effectue « jusqu'à ce que nous trouvions une façon d'agir appropriée et efficace »[5].

1. F. Delsarte, *École de Delsarte, École de chant morale et scientifique*, notes de cours, cité par F. Waille, *La méthode somatique expressive de François Delsarte, op. cit.*, 1839, p. 180.

2. F. Waille, *La méthode somatique expressive de François Delsarte, op. cit.*, p. 156.

3. J. Dewey, « L'éducation, fonction sociale », *Démocratie et Education*, Paris, Armand Colin, 2011, p. 125.

4. *Ibid.*, p. 126.

5. *Ibid.*, p. 129.

Le contrôle physique se distingue du contrôle social : ainsi le fait d'attraper automatiquement une balle lancée repose sur une domination, « sans but et sans signification », seulement physique de son propre état organique : Dewey n'aperçoit pas ici le rôle du schéma corporel et son interaction environnementale inconsciente, et il reste dans un modèle énergétique jouant de l'emploi particulier des conditions physiques pour modifier les dispositions. Les qualités esthétiques de l'être vivant se nourrissent de cet équilibre perdu et rétabli « entre lui et son environnement »[1] : manque de plénitude, lutte et accomplissement, adaptation et irrégularité définissent alors une expérience incertaine et mobile dont la variation des formes exprimera la dualité et la contradiction.

Cette « signification par écarts »[2] implique la transcendance du signifié par rapport au signifiant : ainsi le geste émersif du corps vivant, le mouvement involontaire, l'activation des rythmes et des fluides biologiques, la respiration, les mouvements oculaires, le rythme cardiaque, l'expression du visage, la posture corporelle sont autant d'activités du corps vivant qui indiquent une activité dirigée vers un monde à interpréter.

Si le langage est le prolongement du corps et de lui-même pour l'écrivain, il n'en est pas de même pour le philosophe. Il convient pour Merleau Ponty « de décrire avec rigueur ce qui, à l'intérieur du langage, dépasse

---

1. J. Dewey, « L'être vivant et les "choses éthérées" », *L'art comme expérience*, Œuvres Philosophiques, tome II, Pau-Paris, PUP-Farrago-Éditions Léo Scheer, 2003, p. 36.

2. M. Merleau-Ponty, *Le monde sensible et le monde de l'expression*, *op. cit.*, p. 207.

l'intelligence analytique »[1]. Le concept de conscience du vécu de Husserl ne suffit plus pour exprimer ce qui est sédimenté dans le langage, car ce dernier « incorpore tout le monde, il est le corps des idées, il est le corps de l'esprit »[2]. Ainsi la profondeur à émerser dans le langage n'est pas plus celle saisie par la conscience du vécu que celle d'une « puissance, dont le corps est pourvu, puissance d'investigation, puissance d'exploration à l'égard des objets extérieurs »[3]. Le vécu doit être compris à partir du vivant dans le sens concret du mot, à partir « de ce rapport moteur et charnel de mon corps avec la chose »[4]. Ce contact qui paraît pénétrer à l'intérieur doit cependant, pour Merleau-Ponty, se décrire dans l'interaction entre le corps et le monde. Car, ce livre qui devait s'intituler *Être et monde*, dont nous ne connaissons que la version expurgée du *Visible et l'invisible*, malgré la publication par Emmanuel de Saint-Aubert des notes de travail, veut « faire apparaître le langage comme une sorte de corps de la pensée, dans le sens actif du mot « corps » et non pas simplement comme un, une enveloppe extérieure disais-je tout à l'heure, ou un vêtement que la pensée se donne et dont elle pourrait se passer »[5].

L'ÉMERSENS : ÉVEILLER SON VIVANT

L'émersens éveille justement cet « être brut »[6], ce vivant du corps pour activer la production d'un sens

---

1. M. Merleau-Ponty, *Entretiens avec Georges Charbonnier, et autres dialogues*, 1946-1959, Paris, Verdier, 2016, p. 138.

2. *Ibid.*, p. 136.

3. *Ibid.*, p. 133.

4. *Ibid.*

5. *Ibid.*, p. 428.

6. *Ibid.*, p. 166.

inédit et inconscient au sujet. L'éveil du corps exige de le rendre conscient en comprenant *par* le corps[1]. Comme le précise Alexandre Legendre, « l'enjeu est bien celui d'une maïeutique somatique, maïeutique du corps pensant [...], assise sur une dialectique, non pas ascendante (faisant signe vers une transcendance), mais descendante, immersive, attachée à une immanence oublieuse de soi, abandonnée au présent »[2].

L'émersens corporel du vivant peut dès lors être comprise comme un passage dans l'acte gestuel ou narratif d'une intention irréfléchie qui organise sans contrôle conscient de cette expression. Ainsi trois mouvements peuvent être décrits. L'émersens du vivant dans la conscience[3] avec sa sensibilité s'effectue en dessous du seuil de conscience qui vient l'écologiser de manière immédiate par une activité sensorimotrice tacite[4] sans que nous nous en rendions compte. Mais elle décide sans délai de notre adaptation sensorimotrice. Elle lit le corps d'autrui en comprenant les signes produits spontanément. Ces signes sont produits de manière involontaire par l'imsertion immédiate d'un corps rendu à vif par les contacts avec les autres corps ; le corps vivant réagit sans délai aux émotions en ressentant la présence d'un signe corporel comme le danger par la peur ou l'anticipation. En traversant le codage social, l'émersion

1. J. Adler, *Vers un corps conscient, La discipline du mouvement authentique*, trad. fr. M.-P. Lescot, Bruxelles, Éditions Contre Danse, 2016.

2. A. Legendre, B. During, « Neigong et WaiGong ou comment se réaliser dans les pratiques des arts martiaux chinois », *Corps*, n°14, *Quels corps demain ?*, Paris, CNRS Éditions, 2016, p. 34-42.

3. A. Noé, « Enacting content », *Action in Perception*, Cambridge, The MIT Press, 2004, p. 121.

4. *Ibid.*, p. 124.

du corps vif, vivant dans la conscience représentationnelle et cognitive, le transforme en conscience du corps vécu : cette description émersiologique ouvre la communication directe du corps vivant au dialogue avec les autres personnes pour vérifier si la signification intuitive correspond bien à celle d'autrui.

En désorganisant les gestes, les postures et les rythmes, l'art contemporain présente moins un corps dispersé qu'une action sémantique en précipitant dans le signe l'immédiateté du vivant corporel, comme dans la performance. Plutôt que de retenir le sens, le corps vivant doit être traversé par l'insensé afin de le rendre signifiant, sinon significatif, dans l'action. Le corps produit des significations par les impressions ressenties lors de ses interactions avec le monde : impressionné, il ne parvient pas toujours par lui-même à exprimer dans un vécu ce vivant qui le traverse. L'expression devient alors une sorte de protection cathartique pour l'émersion corporelle, un moyen pour sa matérialisation et un mode de conscientisation. Ce passage de l'irréflexion vivante au reflet de l'œuvre définit l'expression corporelle comme un miroir sans tain, car le vivant ne s'y réfléchit que comme vécu : le vivant se voit en train de devenir un vécu, sorte d'objectivation d'un vivant si dynamique que son extériorisation expressive lui semble fade.

CONCLUSION

L'intention corporelle n'est pas pour autant en soi expressive, elle n'a pas besoin de s'exprimer pour être comme une affection, une représentation ou un état mental du corps. Son caractère impensé, s'il ne la rend pas impensable, trahit sa constitution intime et privée par le vécu corporel ressenti à propos des interactions avec son environnement. En la définissant sur le modèle de l'intention mentale, l'intention corporelle perdrait son caractère psycho-physiologique, neurocognitif et affectivo-pulsionnel. L'intention corporelle n'est pas une contention qui posséderait le sens préalablement à sa mise en action expressive; aucune construction *a priori* de l'intention n'existe car le corps ne devient intentionnel qu'au travers des résultats convergents des réseaux neurocognitifs, des maillages psycho-physiologiques et des impulsions affectives. Ce qui précède l'intention corporelle est donc un ensemble de structures et de processus dont la conscience ne nous parvient qu'avec retard au regard du travail neuro-cognitif. L'intention corporelle est une attention à un moment donné de l'activité neurocognitive du corps dont l'expression réalisera pour soi et pour les autres l'évidence. Cette mobilisation attentionnelle sur telle ou telle production intentionnelle du corps est rendue nécessaire par les interactions perceptives et motrices avec l'environnement.

CHAPITRE III

L'ART DE S'ÉMERSER [1]

Il est temps qu'en chaque chose
connue de toi,
ta folie sache apercevoir l'envers [2].

Mon intérêt pour les immersions expérientielles est le résultat de mes travaux sur l'hybridation et les avatars corporels ainsi que sur l'écologie corporelle, la question centrale étant, pour la philosophie du corps que je développe, celle de la description consciente et inconsciente en première personne de l'expérience corporelle. Le retour du vécu dans le corps en acte, tel que nous l'avons pensé avec Alain Berthoz pour le Centenaire Merleau-Ponty, fait entrer le corps dans une perception inédite des images intérieures et intègre directement le corps dans le dispositif d'interaction. Cet engagement du corps dans l'acte, la performance comme performativité, révèle combien l'œuvre n'est pas seulement à étudier dans son extériorisation mais dans la dynamique interne créée en nous. Le corps en

1. Ce texte est une reprise de l'article « L'art de s'émerser », *Figures de l'art*, *Arts immersifs. Dispositifs et expériences*, n° 26, Pau, Presses Universitaires de Pau et des pays de l'Adour, 2014.
2. G. Bataille, *L'alleluiah*, Paris, Nouvelles Editions Lignes, 2012.

acte est inclus dans le mouvement même de sa création[1]. Nous percevons dans notre corps interactif, de manière empathique par les neurones miroirs du cerveau, notre mise en œuvre de l'art. Notre capacité à entrer dans la scène en nous incluant plus ou moins volontairement dans le monde créé[2] sans sortir de notre corps est une expérience immersive qui nous écologise.

L'inactivable dans le corps vivant est une impossibilité contextuelle, écologique et interne. Car le vivant ne possède pas toujours les qualités physiques pour cette nouvelle activation. Cette part entre l'inactivable et l'activable pose des problèmes éthiques et techniques : les travaux d'Oliver Sacks sur l'éveil neurochimique des malades représentent en ce sens à la fois un espoir et une limite éthique. Ces travaux démontrent que ce qui était inactivable à un moment donné peut être activé plus tard, en raison du développement technique, du progrès des représentations sociales et des modes d'interactions dans l'activité adaptée. Le vivant est actif en dessous du seuil de conscience et cette activité est désormais mesurée. Pourtant le corps et l'esprit peuvent être entièrement immergés, ce que nous appelons l'*imsertion* (s'insérer entièrement dans l'immersion) dans des expériences de délire, d'addiction, de coma dont la technique ne favorisait pas jusqu'aux travaux récents la preuve d'une activité à des sollicitations exogènes. Par le fait que « certaines des parties du corps propre sont invisibles et d'autres

1. M. Sobieszczanski, « Entre l'immersion dans l'image cinématographique et l'immersion totale », *Cahiers de Narratologie*, 2010, n° 19.

2. M. Slater, S. Wilbur, « A framework for immersive virtual environments (FIVE) : Speculations on the role of presence in virtual environments », *Presence : Teleoperators and Virtual Environments*, 6(6), 1997, p. 603-616.

seulement quasi-visibles »[1], cette impropriété du corps propre ouvre la possibilité de percevoir l'invisible[2].

Le dispositif immersif est un lieu, une instance ou un média dont l'efficacité performative est suffisante pour produire un effet inédit dans le corps, comme dans l'apparition de la danse « en tant qu'activité productrice de sens »[3]. Cet effet est une expérience émersive par les émotions, les images et les sensations internes qui en sont produites de manière volontaire ou involontaire. Ce décalage entre l'immersion expérientielle et l'émersion corporelle d'images et d'idée est précisément l'objet de notre réflexion sur les dispositifs immersifs et les dispositions subjectives. La protestation du corps[4] n'est plus manifestée dans le corps social mais devient un mode de subjectivation : à la différence du corps peint africain[5] qui rend la sensation visible dans le symbole du dessin, le dispositif immersif fonde un art double, à la fois mis en scène et mis dans le corps de l'agent performatif. Comment dès lors traduire dans l'œuvre ce que l'immersant ressent en lui ? « À ses débuts, ce concept (l'immersion) retranchait catégoriquement le visiteur de son environnement usuel pour l'immerger dans le propos de l'exposition »[6]. Une telle forme du concept fonctionne

---

1. D. Duiçu, « L'Impropriété du corps propre », *Phénoménologie du mouvement. Patocka et l'héritage de la physique aristotélicienne*, Paris, Hermann, 2014, p. 340.

2. C. Rosset, *L'invisible*, Paris, Minuit, 2012.

3. A. Thuries, *L'apparition de la danse*, Paris, L'Harmattan, 2016, p. 15.

4. K. A. Schroder, W. Moser (dir.), *Body as Protest*, Berlin, Hatje Cantz Verlag, 2012.

5. C. Bevkwith, A. Fisher, *Painted bodies : african body painting, tatoos and scarifications*, Rizzolli International, 2012.

6. J. Davallon, G. Grandmont, B. Schiele, *L'environnement entre au musée*, Lyon, Presses Universitaires de Lyon, 1992.

encore; depuis la diffusion des études qui confirment une plus grande mémorisation des topos grâce aux sens et à la reconnaissance, on a peaufiné la méthode et transformé l'espace muséal en un milieu plus familier. Selon Oliver Grau, « le processus d'immersion renvoie en définitive à une expérience intense qui se caractérise par une augmentation de l'émotion et une diminution de la distance critique; la technologie électronique est aussi en partie responsable du phénomène de l'immersion : sa capacité de recréer des environnements virtuels a habitué les gens à se faire une toute autre interprétation de la réalité »[1].

DISPOSITIFS IMMERSIFS ET DISPOSITIONS ÉMERSIVES

L'immersion est un dispositif qui dépasse l'expérience habituelle du corps en produisant en nous des modalités inédites du vécu. Cette émersion en nous de sensations internes éveille ou réveille, par la rémanence de la mémoire inconsciente, une activité nouvelle. Mais pour activer cette émersion en nous, le corps du sujet utilise des dispositifs volontaires ou involontaires comme la drogue, l'alcool et autres « paradis artificiels » selon le mot de Baudelaire en 1860. Le corps est embarqué dans des émersions selon des dispositifs aussi différents que la transe par le son techno[2], ou dans l'industrialisation du plaisir hédoniste à Ibiza[3]; ou par l'inhabilité insalubre

1. A. Marian, « L'immersion sensible en exposition. Sensations urbaines. Une approche différente à l'urbanisme au Centre Canadien d'Architecture », *Material Culture Review*, n° 27, 2008, p. 17.

2. L. Pourtau, « La transe techno », *Techno. Voyage au cœur des nouvelles communautés festives*, Paris, CNRS Éditions, 2009, p. 59-91.

3. Y. Michaud, « La révolution musicale », dans *Ibiza mon amour : Enquête sur l'industrialisation du plaisir*, Paris, Éditions Nil, 2012.

de la pauvreté[1] ou celle programmée des modifications climatiques[2] et autres accidents radioactifs. Le dispositif est immersif dès lors que le corps est embarqué (au sens d'*embodiement*) dans un milieu naturel dont il ne contrôle pas les effets en lui au cours de l'interaction : ainsi pour Anna Halprin immergée dans la nature, celle-ci « rend visible les processus à l'état pur »[3].

Le dispositif immerse le corps en le forçant à une adaptation face à de nouvelles situations de vulnérabilité : la conscience doit en effet s'appuyer sur des modalités de perception plus directe du corps avec le monde. La culture de l'image mobile à travers les écrans eux-mêmes plastiques et interactifs projette la performance dans une exploration de soi à travers ses immersions dans les dispositifs, naturels, techniques et artistiques. Le milieu devient ainsi immergeant si le dispositif favorise une modification de l'image du corps, du schéma corporel et de l'esthésiologie, l'esthétique n'étant plus ici la simple contemplation d'une image hors de soi. L'exposition des *Hard Bodies*[4] dégenrés issus du *fitness* et du culturisme féminin présente à la surface de la peau l'effort de la musculation virile sans dire suffisamment ce qui est vécu de l'intérieur, comme a pu le décrire Eric Perera[5] dans

1. J. Sorma, E. Lapierre, *L'inhabitable*, Paris, Éditions Alternative, 2010, p. 25.

2. A. Magnan, V. Duvat, *Ces îles qui pourraient disparaître*, Paris, Éditions Le Pommier, 2012.

3. A. Halprin, *Mouvements de vie*, trad. fr. E. Argaud, D. Luccioni, Bruxelles, Éditions Contre Danse, 2009, p. 250.

4. B. Dobbins, *Hardbodies exposed*, BD Productions, 2012.

5. E. Perera, S. Rouanet, E. De Léseulec, « Comprendre par corps le phénomène étudié ? Stratégies d'immersion dans un groupe de body-builder », dans B. Andrieu, *Le corps du chercheur. Une méthodologie immersive*, Presses Universitaires de Nancy, 2011, p. 61-90.

son immersion participante. L'art de la performance[1] ne suffirait plus s'il ne prenait en compte, précise Josette Féral[2], l'œuvre de l'agent dans la production de sa subjectivité. Le dispositif immersif implique-t-il une « convergence entre corps virtuel et corps réel ? »[3]. Mais encore faut-il transcender les tabous[4] du moralisme dualiste séparant le dispositif de la disposition du corps.

Car pour « capter l'intime »[5] dans le dispositif immersif, il convient, selon Remi Sussan, de penser la première étape de l'immersion totale qui serait la connexion neurale directe et qui « enverrait directement ses ordres au corps virtuel sans passer par le corps de chair »[6], par cette interopérabilité au sein d'une « avatarologie »[7]. Or ce branchement cerveau-machine, s'il commence à être réalisé dans les *Brain-Machine Interfaces* (BMIs) qui libèrent la personne handicapée[8] de son immobilité motrice par l'activation directe, au travers de son cerveau, d'un robot – comme dans les travaux de

1. M. Brimfield, M. Fenton, S. O'Reilly, J. Wood, *This Is Performance Art*, Londres, Black Dog Publishing, 2011.

2. J. Féral (dir.), *Pratiques performatives. Body remix*, Presses universitaires de Rennes, 2012.

3. N. Kerinska, « Je est un autre : projections identitaires dans les mondes de réalités virtuelles », dans F. Dervin, Y. Atbas, *Technologie numérique du soi et (co)constructions identitaires*, Paris, L'Harmattan, 2009, p. 136.

4. G. Young, M. Whitty, *Transcending taboos : a moral and psychological examination of cyberspace*, Londres, Routledge, 2012.

5. N. Thely, *Vu à la webcam (essai sur la web-intimité)*, Paris, Les Presses du Réel, 2002, p. 65.

6. R. Sussan, *Demain, les mondes virtuels*, Paris, Éditions Fyp, 2009, p. 24.

7. *Ibid.*, p. 62.

8. Voir notre *Émersiologie tome 1, Sentir son corps vivant, op. cit.*, chap. 8, p. 183-200.

Leigh Hochberg[1] aux *Massachusetts General Hospital* de
Boston, dans le *Braingate Project* – présente un nouveau
modèle d'interface bionique ou neurorobotique que
nous n'avons pas entièrement atteint dans des dispositifs
artistiques, sauf dans certains jeux, comme en 2005 le
Mindball, dans lequel deux participants contrôlent une
balle grâce à leurs ondes cérébrales.

LES ESPACES IMMERSIFS

L'immersion n'est pas une noyade, ni un enlisement
mais un milieu favorisant l'émersion par l'activation
inconsciente de sensations jusque-là implicites. Les
propriétés inédites de l'immergeant sollicitent la plasticité du corps en écologisant ses dispositions en fonction
de l'intensité de l'élément[2]. Il faut accepter cette écologisation involontaire dans la mobilité locale[3]. Le projet
artistique de la téléprésence, qui relie la réalité virtuelle
et les technologies du web, crée désormais pour les
spectateurs une « sensation d'être quelque part »[4] : cette
téléprésence leur permet de « renégocier leur visibilité
sociale, en contrôlant leurs images et décidant ce qui est
visible »[5]. Ces pratiques *in vivo* produisent une agentivité

---

1. L.R. Hochberg *et al.*, « Reach and grasp by people with
tetraplegia using a neurally controlled robotic arm », *Nature*, 485, 2012,
p. 372-375.

2. « Immersia », la nouvelle salle de réalité virtuelle à Rennes,
www.inria.fr/centre/rennes/actualites/immersia-la-nouvelle-salle-de-
realite-virtuelle.

3. J. Farmon, *Mobile interface theory : embodied space and
locative media*, Londres, Routledge, 2012.

4. M. White, *The body and the screen. Theorie of internet
spectatorship*, Cambridge, The MIT Press, 2006, p. 30.

5. M. White, *The body and the screen. Theorie of internet
spectatorship*, *op. cit.*, p. 84.

humaine énactée dès sa cognition avec la technologie et une individualité « relationnelle et provisoire »[1].

Les espaces immersifs sont collaboratifs[2] et supposent des degrés d'interactions différentes dans un même milieu immergeant en étant avec d'autres. Une « télématique corporelle »[3] fait circuler dans un espace personnel à la fois son corps physique et l'interaction avec d'autres corps par le moyen d'espaces immersifs dans la distance entre les deux corps. Le dispositif immersif crée une distance qui ne peut être résorbée, ce qui révèle sa profondeur virtuelle et nous en fait éprouver le vertige. Cette distance affecte pourtant la conscience car c'est le corps, selon Maurice Benayoun, qui « devient le vecteur majeur » de la communication et « qui jouit sans entrave au jeu des apparences »[4]. La libération sexuelle est devenue sensuelle par le développement d'une « potentialité d'incarnation extérieure »[5] d'un schéma corporel jusque-là inexploité dans l'espace habituel. Toutes ces extériorisations sont des « extériorisations de la peau »[6] mais dans un espace portable et téléportable, dans des dispositifs d'images, d'avatars ou de chimères.

Ce corps émersif n'est plus substantiel et défini car, selon Marcello Vitali Rosati, « le corps n'a aucune nature

1. J. Zylinska, *Bioethics in the age of new media*, Cambridge, The MIT Press, 2009, p. 82.

2. R. Schroeder, « Avatar bodies and virtual spaces », *Being there together. Social Interaction in Virtual environments*, Oxford University Press, 2011, p. 107.

3. G. Boddington, dans D. Roland (dir.), *Corps virtuels/physique*, Paris, Centre des Arts d'Enghien les Bains, p. 10-13, 2009, p. 11.

4. *Ibid.*, p. 22.

5. M. B. Hansen, *Bodies in code. Interface with digital media*, Londres, Routledge, 2006, p. 43.

6. *Ibid.*, p. 59.

parce qu'il n'a pas de caractéristiques stables comme points de repère. Toute caractéristique du corps est virtuelle »[1], précipitant l'émersion dans des dispositifs d'extériorisation qui en faciliteront la prise de conscience sensorielle. Aussi le « technofétichisme »[2] de James Gillingham, Aimée Mullins, Matthew Barney ou Oscar Pistorius utilise l'hybridation pour immerger le corps dans des technologies touchantes[3] : le toucher prouve combien, précise Jean Luc Nancy, le corps est cette ouverture à l'extériorité. En ce sens nous ne sommes pas propriétaires de nos corps[4]. Face à sa finitude, le corps immersif révèle sa profondeur interne et ses possibilités d'hybridation technique dans une « colonisation du corps par les biotechnologies »[5] comme chez Edouardo Kac. Ce lien entre mondes hybrides et média immersifs[6] implique une auto-organisation nouvelle du corps qui doit se reconfigurer dans le cours même de l'interaction.

1. M. Vitali Rosati, *Corps et virtuel. Itinéraire à partir de Merleau Ponty*, Paris, L'Harmattan, 2009, p. 220.

2. M. Smith, « The vulnerate articulate : James Gillingham, Aimée Mullins, Matthew Barney », *in* M. Smith, J. Morra (eds.), *The prosthetic impulse. From a posthuman present to a biocultural future*, Cambridge, The MIT Press, 2006, p. 43.

3. M. Puig de la Bellacasa, « Technologie touchantes, visions touchantes. La récupération de l'expérience sensorielle et la politique de la pensée spéculative », dans E. Dorlin, E. Rodriguez (dir.), *Penser avec Donna Haraway*, Actuel Marx, Paris, P.U.F., 2012, p. 71-75.

4. Voir J. L. Nancy, « Entretien avec Bernard Andrieu », *Corps et sciences sociales*, *Corps de cinéma*, n° 9, Paris, CNRS Éditions, 2011 ; et l'entretien à *Télérama*, 11 juillet 2012, p. 7-8.

5. M. Noury, *L'art à l'ère des biotechnologies. La question du vivant dans l'art transgénétique d'Edourdo Kac*, Paris, Éditions Le Manuscrit, 2007, p. 173.

6. G. Russeger, « Immersive medien-kultur in hybriden umwelten », dans E. Gaugele, P. Eisele (dir.), *Techno Naturen. Design & Style*, Wien, Schlebrügge Editor, 2008, p. 188-199.

Car « en fait nous ne sommes jamais désincarnés »[1], même si le corps immersif dans l'espace virtuel est un moyen de se désincarner sans pour autant sortir de son corps physique. Le paradoxe est de vivre une « expérience polysensorielle »[2] à partir de relations à multifacettes, ce qui n'est pas pour Olivier Frau une simple illusion, car la disposition de l'interacteur est mentalement absorbée dans le processus même de l'immersion. Catherine Bouko[3] reprend cette analyse mais doute, au regard du vécu du corps propre, que le corps immersant soit véritablement immergé dans des dispositifs où le passage dans le virtuel ne dure qu'un moment, où le milieu ne nous englobe pas entièrement. Parce que « notre réel c'est le corps »[4], les arts immersifs touchent l'espace du monde en étendant les ramifications du cerveau et des perceptions corporelles par « un corps plus actif, plus présent au monde et plus conscient de son environnement informationnel »[5]. En branchant le système perceptif sur des dispositifs immersifs, ces « excroissances corporelles imaginaires de soi »[6] concrétisent le geste interactant

1. J. K. Hayles, « Embodied virtuality : or how to put bodies back into the picture », *in* M. A. Moser, D. Meleod (eds), *Immersed in Technology Art and Virtual Environment*, Cambridge, The MIT Press, 1996, p. 1 (notre traduction).

2. O. Grau, *Virtual Art. From illusion to Immersion*, Cambridge, The MIT Press, 2003, p. 14.

3. C. Bouko, St. Bernas (dir.), *Corps et immersion*, Paris, L'Harmattan, 2011.

4. St. Barron, *Toucher l'espace. Poétique de l'art planétaire*, Paris, L'Harmattan, 2006, p. 18.

5. *Ibid.*, p. 19.

6. J.J. Weissaberg, « Corps à corps, à propos de la Morsure », CDRom A. Anderson, dans P. Barboza, J. L. Weissberg (dir.), *L'Image actée. Scénarisations numériques, parcours du séminaire. L'action sur l'image*, Paris, L'Harmattan, 2006, p. 52.

et l'image actée produits par l'œuvre. S'agit-il d'une « exportation dans l'image »[1] ou d'une extension du corps[2] ?

Avec la notion d'émersion, nous défendons la thèse que l'immersion, l'hybridation et l'imsertion (ré)activent le vivant dans le corps. L'émersion dans l'immersion révèle d'autres modes d'existence de notre corps à l'intérieur de notre corps. Elle insère le corps dans un milieu qui le rend dépendant de ce qu'il produit en lui. L'immersion est une plongée du corps dans l'élément par le moyen d'un dispositif ou d'un milieu immersant. L'émersion est l'activation dans le corps des effets du milieu, ou l'élément. L'immersion[3] est donc une plongée de l'élément dans le corps, à la différence de l'imsertion qui est une plongée du corps dans l'élément. L'immersion sollicite une correspondance dans le corps de l'élément extérieur avec l'élément intérieur réel ou imaginaire, matière ou représentation. L'immersion devient une inclusion, dites imsertion, dans le milieu qui peut imposer son intensité en altérant les conditions même d'adaptabilité. L'émersion des effets de l'immersion révèle à notre corps des modalités jusque-là implicites.

1. *Ibid.*, p. 69.

2. M. Satomi, S. Seymour, « Designing our extended body », *in* C. Sommerer, L. Mignonneau, D. King (eds), *Interface cultures. Artistic aspects of interaction*, Bielefeld, Verlag Bielefeld, 2008, p. 113-120.

3. J.-M. Noyer, « Les espaces immersifs : le plissement numérique du monde, anthropocène et immunopolitique », *Environnements immersifs : nouvelles formes et mutations de l'information et de la communication*, Entretiens scientifiques Neptune, Toulon, 17 avril 2012.

IMMERSANTS ET ÉMERSEURS

En se référant à son propre corps de l'intérieur de l'immersion [1], l'immersant ne se confond pas entièrement avec l'immerseur mais l'immerseur est aussi un émerseur de sensations, d'images et d'émotions par la contagion performative qu'elle produit pour soi et avec les autres [2]. Ce décalage existe entre ce que l'immerseur produit dans l'immersant et ce qui se produit dans le corps vivant par la sensibilité de l'immersant : l'immersant devient un émersant [3]. Plutôt qu'un émergeant qui atteindrait la surface du milieu dans lequel il est immergé, l'émersant produit dans son vivant en lui et malgré lui des états nouveaux de sensibilité. L'immersion expérientielle par la puissance émersive du dispositif peut se trouver par exemple dans l'art féministe qui favorise une renégociation du corps vivant [4].

Ce type d'immersion totale est favorisé par « l'immersion perceptive » qu'il suscite. Dans son étude

1. M.-L. Ryan, « Immersion vs interactivity : virtual reality and literary theory », *Substance*, vol. 28, n° 2, 1999, p. 110-137 ; M.-L. Ryan, *Narrative as virtual reality. Immersion and interactivity in literature and electronic media*, Baltimore, The Johns Hopkins University Press, 2001.

2. C. Braddock, *Performing Contagious Bodies : Ritual Participation in Contemporary Art*, London, Palgrave Macmillan, 2012.

3. D. Valtchanov, C. Ellard, « Physiological and affective responses to immersion in virtual reality. Effects of nature in urban settings », *Cybertherapy & Rehabilitation*, 3 (4), 359-373, 2010 ; D. Valtchanov, K. R. Barton, C. Ellard, « Restorative effects of virtual nature settings », *Cyberpsychology, Behavior, and Social Networking*, 13 (5), 2010, p. 503-512.

4. K. Battista, *Re-negotiating the body : feminist art in 1970's London*, Londres, I.B. Tauris, 2012.

de la réalité virtuelle, Michael Heim[1] différencie les dispositifs en faisant appel à la réalité virtuelle en fonction du caractère perceptif ou aperceptif de l'immersion qu'ils proposent. Laura Ermi et Frans Mayra[2] distinguent trois types d'immersion produite par les jeux vidéo : l'immersion sensorielle, l'immersion engendrée par un défi combinant habilités physiques et cognitives (l'immersion « systémique » et l'immersion imaginative). Freydefont[3] propose une typologie fédératrice, qui rassemble des pratiques très disparates. La typologie qu'il propose est fondée sur les types de dispositifs convoqués. Freydefont en répertorie quatre grandes familles. La première comprend les systèmes cave, bulles, igloos, etc. Le « théâtre » compose la deuxième famille de dispositifs : scène annulaire, centrale, trifrontale, bifrontale et simultanée. La troisième famille prend en compte les scènes numérique et augmentée. Enfin, le « théâtre sans le théâtre » caractérise la quatrième famille. Que cet écart soit si peu réductible faute d'une illusion parfaite tient à la différence entre l'espace intime et la simulation : « Théâtre immersif et scénographie immersive forment des notions qui semblent se diffuser, en lien avec d'autres notions comme celle de scénographie spatiotemporelle,

1. M. Heim, « The Design of Virtual Reality », *in* M. Featherstone *et al.*, *Cyberspace, Cyberbodies, Cyberpunk*, Londres, Sage Publications, 1996, p. 65-77.

2. L. Ermi, F. Mayra, « Fundamental components of the gameplay experience : analysing immersion », communication lors du colloque *Changing Views : words in play*, organisé par la Digital Games Research Association en 2005.

3. M. Freydefont, « Les contours d'un théâtre immersif (1990-2010) », *Agôn*, n° 3 : *Brouiller les frontières. Utopies de la scène, scènes de l'utopie*, 10/01/2011, URL : http ://w7.ens-lsh.fr/agon/index.php ? id=1559.

scénographie augmentée, scénographie composite, scénographie numérique, ou scénographie interactive. Il s'agit d'en situer l'origine, d'en définir le périmètre et les significations »[1].

L'incorporation du média repose sur l'expérience de l'absorption[2] de soi dans l'image ou dans le milieu par un enveloppement de l'ensemble de notre sensibilité qui va, parfois jusqu'à développer l'agressivité[3]. Ce fantasme d'enfouissement dans le ventre maternel implique plutôt ici des « procédés d'immersions sensori-motrices »[4] par l'intégration de capacité informatique dans les objets même du monde physique. L'interface de l'art et des techniques immersives repose sur des outils de virtualisation[5] du corps réel : caves de réalité virtuelles, dispositifs sensoriels haptiques, réseaux de transport de très haute qualité d'image, systèmes holographiques, logiciels de visualisation.

1. M. Freydefont, « Les contours d'un théâtre immersif (1990-2010) », art. cit.

2. M. Freid, *Absorption and theatreality*, cité par H. Tereza, « Do you want to be absorbed ? », dans C. Birdsall, A. Enns (dir.), *Sonic mediations. Body, sound, technology*, Cambridge, Cambridge University Press, 2008, p. 228.

3. N. Besombes, A. Lech, L. Collard, « Corps et motricité dans les jeux vidéo », *Corps*, n° 14, 2016, p. 49-58.

4. H. Vinet, F. Delalande, *Interfaces hommes-machines et créations musicales*, Paris, Éditions Hermès, 1999, p. 136.

5. Le projet « Visionair » (Vision Advanced Infrastructure for Research), réalisé avec l'Union Européenne, regroupe des installations de visualisation et d'interaction de haut niveau, pour les rendre accessibles aux chercheurs de la communauté européenne et du monde entier. Piloté par le laboratoire G-SCOP de Grenoble INP, il regroupe vingt-cinq partenaires issus de douze pays différents. www.infra-visionair.eu.

L'Art de s'émerser : osmose, symbiose, vertige et extase

L'art de s'émerser[1] produit une œuvre d'art interne, une beauté intérieure dont l'expression externalisée dans ce qu'on appelle l'œuvre d'art restera toujours qualitativement moins intense dans sa traduction en image, son, vibration et couleur. Là où le *body art* externalisait la performance en la montrant[2], l'art de s'émerser internalise la sensation du milieu immersif dans une nouvelle disposition de soi. C'est le corps vivant qui émerse dans le corps vécu par l'épreuve de la peur, du frisson, du plaisir et de la douleur. Cette émersion du vivant est mise à vif par le corps à corps avec le monde, le paysage, la sexualité ou l'altérité. L'immersion active ainsi le vivant du corps en dépassant les limites convenues et connues du corps vécu de l'*habitus* social et sensoriel. S'ouvrir au vivant dans son corps consiste moins à l'incorporer qu'à l'activer. Cette capabilité du vivant de s'émerser dans son corps dépasse une capacité connue par un sujet qui peut la déployer en toute connaissance de cause. Cette activation du vivant est ainsi invisible mais elle est pourtant ressentie et efficiente au cours de l'immersion, car il hybride le corps en le modifiant au fur et à mesure des informations. Ce changement identitaire suppose une plasticité de l'hybridant dans sa composition avec l'hybridé sans qu'il y ait toujours une délimitation stricte entre l'un et l'autre. De plus, « Une

1. O. Grau, *Virtual art : from illusion to immersion*, Cambridge, The MIT Press, 2003.
2. C. Lahuerta, « Quand le corps parle, les mots de l'art », dans M. Laforcade, V. Meyer, *Les usagers évaluateurs*, Bordeaux, Les Éditions Hospitalières, 2008, p. 77-88.

autre modalité attentionnelle émerge actuellement à partir des jeux vidéo, celle de l'immersion qui combine durée et intensité »[1].

Il s'agit donc ici d'accepter de ne pas tout contrôler en se laissant immerger pour faire émerger en soi ce que nous ne sommes pas encore[2]. Pour vivre cette expérience, la détente physique et mentale est nécessaire pour s'émerger en éveil corporel dans le milieu immersif. L'angoisse de l'immersion, à la différence de la peur de l'inconnu, tient au *feedback* invasif du milieu immergeant notre corps. Les *habitus* viennent limiter les possibilités d'action au point de ne plus s'envisager autrement. En se visualisant dans des interfaces nouvelles, l'invention de soi devient un possible parmi d'autres dont l'actualisation en nous fait émerser des potentialités jusque-là inconcevables. Le corps est émerseur, pour autant que son vécu expérientiel puisse être activé par la résonance, l'échoïsation ou la simulation empathique du milieu immergeant en nous. Cette sensibilité écologique, si elle repose sur une perméabilité dispositionnelle, fragilise cependant l'identité en la rendant poreuse, flexible et éphémère. La recomposition du vivant en soi devient visible dans les réseaux qui hybrident : ce qui est dynamique en moi est désormais visible et ressenti par des modélisations

1. D. Boullier, « Les industries de l'attention : Fidélisation, alerte ou immersion », *Réseaux*, n° 154/2, 2009, 231-246.
2. F. Belaën, « La muséographie d'immersion dans les musées des sciences : instrument de médiation ou nouvel outil marketing ? », *Culture & Musées, Du musée au parc d'attractions*, n° 5, 2005, p. 91-110 ; F. Belaën, *L'immersion mise au service des musées de sciences*, École du Louvre, International Conference on Hypermedia and Interactivity in Museums (ICHIM), Paris, 2003, p. 8-12 ; A. Carù, B. Cova, « Approche empirique de l'immersion dans l'expérience de consommation : les opérations d'appropriation », *Recherche et Applications en Marketing*, vol. 18, n° 2, 2003, p. 47-66.

qui externalisent les dynamiques et les *feedback* par les avatars.

L'osmose est une mutation du corps qui, en incluant dans ses programmes génétiques ou cellulaires l'intrus radioactif, chimique ou nanotechnique, produit une fusion en créant ainsi une nouvelle organisation interne et des formes somatiques inédites (comme dans *L'île du docteur Moreau*[1]). L'osmose est invisible car elle envahit notre corps par l'air, le contact, la radiation, l'absorption de produits, la pollution ou l'imprégnation du milieu. La symbiose fait corps avec l'élément ou le milieu extérieur en s'y nichant, s'enfouissant, se lovant, s'enfonçant dans la terre comme le Robinson de Michel Tournier dans la fange, en s'enveloppant dans le ventre de la mère, en se réfugiant dans les grottes, souterrains et abris, comme Jonas dans la baleine ou Antigone emmurée dans sa grotte. Le vertige précipite le corps dans un tunnel sans fond, perdant pied par le déséquilibre, la profondeur du vide et la décorporation. Le sujet ne contrôle pas son vertige qui l'emporte par la sensibilité du corps à l'espace, au milieu et au temps. L'extase traverse le corps de l'intérieur vers l'extérieur comme dans la transe, l'orgasme ou la torture en produisant dans le langage des signifiants inédits et en crevant l'expression du signe pour l'envahir d'une signification insensée. Osmose, symbiose, vertige et extase sont des expériences qui font ressentir depuis le corps et en dehors de la maîtrise de soi et du contrôle, une émersion non représentationnelle, sinon irreprésentable, difficilement supportable par le sujet à cause de la déraison même de l'intensité sensorielle. L'expérience immersive déborde le corps dans le mouvement de

1. H.G. Wells, *L'île du docteur Moreau*, Paris, Mercure de France, 1901.

transe[1] qui produit, rappelle Reich, une joie irrépressible. Le corps se révèle troué, perméable et inachevé dans des environnements de plus en plus incontrôlés (crise financière, changement climatique, basculement du corps dans les réseaux, avatars et monde virtuels).

UNE TOPOLOGIE DES ARTS IMMERSIFS

Chaque artiste immersif, chaque agent de l'immersion pourra se situer dans une grille qui propose une topologie des dispositifs (interaction, hybridation, imsertion) et des dispositions intimes (osmose, symbiose, vertige, extase).

Disposition / Dispositifs	Interaction	Hybridation	Imsertion
Osmose	Projection dans l'autre corps	Réalité augmentée	Réincarnation dans un autre corps Addiction au milieu immersant
Extase	Sentiment de fusion	Réseaux et bains numériques	Inconscience et déplacement des repères esthésiologiques
Symbiose	Toucher et vue en 360° Hologramme	Prothèse Télétactilité	Identification à l'image par immersion totale
Vertige	Retour pseudo haptique	Mélange sensoriel	Suspens d'incrédulité Spirale infinie, Sidération

L'art incarné[2] ne suffit pas, ou plus, pour décrire ce vécu en première personne du sujet s'immergeant par

1. C. Buisson, « Immersive Theatre #2. Ethnographie sonore du mouvement dansé : une écriture performative », ethnographiques.org, n° 19, décembre 2009.
2. C. Millet, *Le corps exposé*, Paris, Éditions Cécile Defaut, 2011, p. 31.

la mise en œuvre de son corps. Ce que ressent l'agent immersant, devenu lui-même l'artiste qui produit l'œuvre par sa présence, c'est l'œuvre qui se confond avec le dispositif qui le produit hors de nous mais aussi par et en nous par des sensations internes qui nous traversent dans l'expérience.

Le dispositif immersif peut interagir sur le cerveau en première personne en lui faisant produire un vertige par un effet de présence[1] ou une extase par une activation involontaire : l'œuvre immersive est ainsi une interprétation[2] singulière de l'interaction du corps avec le dispositif, comme dans le film de 1992 *Home of the brain* de Monika Fleischmann & Wolfgang Strauss, dans lequel un visiteur-interacteur équipé de casque virtuel et de gants peut naviguer dans la *New National Gallery* à Berlin pendant que les autres visiteurs voient ce que son immersion a choisi. Dans un autre film *La peau*, Thierry Kuntzel crée un contact haptique par le défilement visuel de grains de peau par suite d'un projecteur photomobile.

Cette identification à l'image, comme dans les images du corps envahissantes et sclérosantes de Pipilotti Rist et Valerie Pava, ou le passage de l'image du corps à la corporéité biologique chez Laetitia Bourget, est une expérience du corps dès la mise en scène de soi dans l'art vidéo[3]. C'est ce que Gwenola Wagon appelle l'utopie d'un cinéma interactif, qu'elle nomme « cinéma

1. L. Poissant, R. Bourassa (dir.), *Personnage virtuel et corps performatif. Effets de présence*, Presses de l'Université du Québec, 2013.

2. M. Leman, « Corporeal Articulate and Intentionality », *Embodied Music Cognition and Mediation Technology*, Cambridge, The MIT Press, 2008, p. 77.

3. M. Roman, « L'expérience du corps », *Art vidéo et mise en scène de soi*, Paris, L'Harmattan, 2008, p. 127.

connecté ». Pour elle, « les connexions de ce cinéma résultent d'un univers où les éléments, enregistrés ou calculés, peuvent être réactivés. Le cinéma connecté emprunte à l'analogie cerveau-machine et la poursuit, plus qu'il ne cherche à reproduire le fonctionnement du cerveau. Le cinéma digital sera l'art des transformations, il incarnera aussi l'art des connexions et des liens modifiant les possibilités de jeu et d'interprétation des images mouvantes »[1]. La « mise en adéquation de l'opérabilité »[2] des différents niveaux diégétiques assure une interactivité dynamique qui vient renouveler l'interface-film entre cinéma et jeux vidéo. Une topologie de peaux enveloppantes et de superpositions de couches[3] interdit de séparer strictement interaction, hybridation et imsertion en attribuant tel artiste à une seule dimension. Il y a une intermédiarité par le mélange de captation sensorielle avec des événements phénoménologiquement vécus dans les jeux d'interactions entre les corps et les espaces « qui augmentent les capacités de perméabilité et d'interconnexion entre les différentes surfaces »[4] et dans les mutations engagées « par l'universalisation annoncée de puces électroniques à l'intérieur des tissus biologiques, la généralisation du tout tactile, les offres de réalités

1. G. Wagon, *Utopie d'un cinéma interactif. Accessibilité des images en mouvement*, thèse soutenue à l'Université Paris-8, 2006.
2. M. Di Crosta, *Entre cinéma et jeux vidéo : l'interface-film. Meta-narration et interactivité*, Bruxelles, Éditions de Boeck, 2009, p. 171.
3. L. Yu-Tung, L. Chor-Kheng, *New tectonics. Toward a new theory of digital architecture*, Bâle, BirhaüserVerlag, 2009, p. 191.
4. E. Sadin, « Pratiques poétiques complexes et nouvelles technologies : la création d'un genre d'écriture », *éc/arts*, n° 2, 2000, p. 24.

augmentées, les ports de vêtements intelligents »[1]. Ce projet transdigital trouve et montre « tous les possibles du corps »[2] compris comme des potentialités à actualiser, mais aussi comme des possibilités jusque-là irreprésentables pour nos conceptions.

Car le corps et le cerveau[3], selon un des fondateurs de la compagnie Crew, Eric Joris, n'ont aucun mal à s'approprier en nous, dans ces dispositifs immersifs, la transversalité et l'hybridité, et ne vont pas suffisamment loin car « le spectateur-immersant sera projeté en temps réel dans le corps de l'acteur… on peut aboutir à une prothèse la plus complète possible, à même de remplacer le Soi »[4]. En atteignant l'osmose par l'intérieur du corps ou la symbiose par la fusion dans l'avatar ou la chimère, l'image et le son sont incorporés dans le corps du *spect-acteur*. Le passage du corps augmenté au corps réseau sert le besoin de notre cerveau « d'être en réseau en temps réel »[5]. Mais si le corps peut être sidéré par les images qu'il incarne, « il est aussi le spectateur de ce qu'il incarne »[6], l'immersion n'étant jamais totale, même s'il se produit à l'intérieur du corps la lutte entre le cerveau immergé et la conscience émergée, qui ne favorise pas le bain numérique du corps entier. L'image devient

1. E. Sadin, « Mon retour au théâtre », *Patch*, n° 12, 2010, p. 13.

2. E. Joris, « Des environnements immersifs pour un nouveau cadre scénique », *CECN*, n° 7, 2007, p. 15.

3. E. Couchot, *La nature de l'art. Ce que les sciences cognitives nous révèlent sur le plaisir esthétique*, Paris, Hermann, 2012, p. 107.

4. Entretien avec Crew/Eric Joris, Dossier Video-Scène, *Patch*, n° 12, p. 28.

5. P. Riser, « Du corps augmenté au corps réseau », *CECN*, n° 8, 2008, p. 3.

6. Ph. Frank, M. Benoit, « Les corps média critique », *Patch*, n° 9, 2009, p. 25.

habitable, comme chez les architectes Futai et MVRDV dans un « paysage recomposé, hybride et mixte »[1].

Jean-Marie Schaeffer décrit cette topologie de l'art émersif en le situant par rapport à la thèse platonicienne de l'illusion produite sur le mur de la caverne des prisonniers immergés dans le noir de la sophistique. Y a-t-il usurpation de la place du réel dans la conscience immergée du spectateur ? En tant qu'état mental scindé, l'immersion utilise les processus de simulation pour tirer « profit de l'efficacité des leurres de nature pré-attentionnelle, mais, dans le même temps, la traduction de ces leurres en croyances perceptives se trouve bloquée au niveau du traitement attentionnel (conscient) »[2]. Cette différence entre processus simulationniste immersif et traitement mental *off line* maintient le *mind reading* et pose le problème des limites du champ somato-sensoriel et des frontières du corps. Parvient-on à quitter la conscience corporelle dans l'immersivité du corps si celle-ci reste une « imagination d'une inscription corporelle dans l'image »[3] ou « le résultat d'un certain style de représentation »[4] ?

Pourtant, au Fresnoy (Studio national des arts contemporains), Manon Le Roy décrit dans *Continuum (2009)* l'immersion intrusive de plusieurs corps avec

1. Ch. Guignard, P. Keller, « Electroscape 002 », dans S. Lamunière, *L'image habitable*, Paris, Les Presses du Réel, 2003, p. 24.

2. J.-M. Schaeffer, « Remarques sur la fiction », dans B. Guelton (dir.), *Les arts visuels, le web et la fiction*, Presses de l'Université Paris Sorbonne, 2009, p. 28.

3. J. Pelletier, « Agir dans une image », dans B. Guelton (dir.), *Les arts visuels, le web et la fiction, op. cit.*, p. 37.

4. M. L. Ryan, « Monde fictionnel à l'âge d'internet », dans B. Guelton (dir.), *Les arts visuels, le web et la fiction, op. cit.*, p. 73.

une femme qui marche dans un long couloir bordé et surplombé par une vaste surface d'eau. La représentation du corps et du mouvement est soumise à des pesanteurs et à des temporalités extérieures à nos perceptions habituelles. Pourtant, l'immersion déborde Clorinde Durand en jeune femme nue, couchée dans l'eau, la tête et le corps recouverts par une impressionnante chevelure rousse dans son *Médusalith Amaquelin*. Toute la topologie des arts immersifs est d'inventer des figures qui montrent dans l'œuvre le débordement du corps immersant le dispositif et le retournement émotionnel des sensations internes. Cette hybridation de multisensorialité avive la proprioception du sentir du spectateur qui, touchant l'œuvre et étant immergé dans ses espaces, « revêt même un statut d'interprète et de co-auteur, indépendamment de l'expression contrôlée de l'artiste »[1], signant par là à la fois l'effacement de l'auteur et l'agentivité de l'inter-acteur. Est-ce un nouveau corps qui apparaît dans les arts immersifs en véhiculant par lui et en lui un corps virtuel par le mapping, la discrétisation, la prothéisation, le morphing, l'avatardisation, l'anamorphose ? L'impact de « l'interactivité endogène »[2] devrait non seulement crédibiliser le personnage incarné[3] dans le cours d'immersion, mais faire émerser dans notre corps le cerveau immersant et ses interactions avec les mondes.

1. A. Davidson, « Contexte et approches historiques », *Bains numériques 1*, Centre des Arts d'Enghien les Bains, 2005, p. 16.

2. M.H. Tramus, M. Bret, E. Couchot, *La seconde interactivité*, in « Arte e vida no século XXI », Organizadora Diana Domongues, UNESP, Brasil, 2003.

3. I. Rieusset-Lemarié, « A la recherche du corps perdu. Au-delà des malentendus, le dialogue privilégié entre danse et arts numériques », *Bains numériques 1*, Centre des Arts d'Enghien les Bains, 2005, p. 87.

CONCLUSION

La langue du corps engage l'émersiologie dans l'accueil du vivant éveillé lors de l'écologisation. Mais cette émersion inconsciente ne peut être comprise rationnellement qu'après une reconfiguration linguistique. Avant cette traduction dans un langage convenu, la communication de la langue vivante du corps agit directement sur nos postures et nos gestes : les réflexes d'abord, puis les régulations émotionnelles trahies dans les gestes involontaires, les désirs implicites dans les lapsus, ou encore les autocontacts et autres tics accompagnant la présence de notre corps dans le monde. Si le corps parle, il nous parle sans que nous y prêtions suffisamment attention en prenant des décisions motrices parfaitement ajustées, comme en ouvrant une porte sans regarder la poignée.

Cette activité du corps vivant dans les signes corporels implique un art de s'émerser dans des pratiques d'éveil comme dans la nature, dans le cours de la méditation ou dans les pratiques immersives. Cet art est une pratique de l'involontaire, en consentant à l'événement : sa surprise viendra toujours bouleverser la représentation habituelle du corps propre, mais sera aussi l'occasion d'une prise de conscience du corps capacitaire. La représentation actuelle de notre corps repose sur une cartographie inachevée de ce que nous pourrions devenir. Cette activation des « possibilisations »[1] de l'effectif suppose que le vivant pourra toujours produire par son corps à notre conscience des contenus nouveaux et inédits.

---

1. C. Serban, *Phénoménologie de la possibilité. Husserl et Heidegger*, Paris, P.U.F., 2016.

Le langage verbal et corporel trahit cette faille, pour autant que l'on prête attention aux gestes involontaires du corps et aux manques de la conscience à maîtriser ses mots à travers ces actes manqués, lapsus, impulsions, rupture de rythmes, aveu d'impuissance, dépossession… La sensation vécue en propre depuis son vivant peut-elle être partagée dans un accord sémantique, ce qui supposerait un sensorium commun du vivant ? Comment donner un sens commun à son propre vécu en le partageant par des mots ? Le corps vit sans nous et malgré nous dans la douleur ou le plaisir sans que nous parvenions toujours à en contrôler l'intensité, l'étendue et la durée. Se trouver en extase c'est à la fois se trouver dans des situations, des dispositifs et des moments, et trouver en soi parmi les autres situations une expérience inédite d'immersion sensorielle. L'extase serait-elle un moyen de nous trouver, de découvrir les limites non seulement de notre corps mais de notre sensibilité dans l'épreuve même que nous traversons ? Pour le sujet lui-même cet écart entre le corps vivant et le corps vécu, notamment dans l'expérience sensible, fait découvrir combien le langage peut décrire mais non faire vivre aux autres la vivacité sensorielle. Cette difficulté est celle de se représenter ce qui se passe à l'intérieur de notre corps.

BIBLIOGRAPHIE

ABRAHAM N., TOROK M., *L'écorce et le noyau*, Paris, Flammarion, 1987.

ADLER J., *Vers un corps conscient, La discipline du mouvement authentique*, trad. fr. M.-P. Lescot, Bruxelles, Éditions Contre Danse, 2016.

AGAMBEN G., *Ce qui reste d'Auschwitz*, Paris, Rivages Poche, 2003.

ANCELIN SCHÜTZENBERGER A., *La langue secrète du corps*, Paris, Payot, 2015.

ANDRÉ C., « La méditation en pleine conscience », *Cerveau et Psychologie*, n° 42 oct.-nov, 2010.

ANDRIEU B., « Le langage entre chair et corps », dans F. Hieidseck (dir.), *Merleau Ponty. Le philosophe et son langage*, Paris, Vrin, 1993.

– *Émersiologie tome 1, Sentir son corps vivant*, Paris, Vrin, 2016.

– *L'écologie corporelle*, Paris, Seguier-Atlantica, 2011.

– *La chair du cerveau. Phénoménologie et biologie de la cognition*, Liège, Éditions Sils Maria, 2002.

– *Le cerveau psychologique. Histoires et modèles*, Paris, Éditions du CNRS, 2003.

– *Le corps capacitaire. Éveil et Normativité*, Paris, Presse Universitaire de Paris-Ouest, 2018.

– *Le somaphore. Naissance du sujet corporel*, Liège, Éditions Sils Maria, 2003.

– « Intelligence artificielle : la tentation des sciences sociales. Des neurosciences sociales ? » *Technologie Idéologies Pratiques TIP, X*, 1-4, 1991.

– « Merleau-Ponty avant la phénomenologie : de l'émergen-
tisme à l'émersiologie », *Chiasma*, 18, 2016.
– « Plasticités dans la neurobiologie du développement », *Les
Cahiers de l'Audition*, 10, 2, 1997.
– « Vers une clinique de l'éveil : une émersiologie de la
conscience ? », *L'Évolution psychiatrique*, 80 (1), 2015.
– « Wittgenstein et la grammaire du cerveau », *Philosophie*,
n° 49, mars 1996.
– (dir.), *L'invention du cerveau. Anthologie des neurosciences*,
Paris, Éditions Pocket, 2002.
– « Écrire le corps », *Corps*, n° 1, Paris, Éditions Dilecta, 2006.
– *Les corps du chercheur. Une méthodologie immersive*, Presses
Universitaires de Nancy, « Epistémologie du corps », Paris,
L'Harmattan, 2011.
—, BUREL N., « La communication directe du corps vivant.
Une émersiologie en première personne », *Hermès*, n° 68,
vol. 2014(1).
—, BUREL N., CORNUS S., « Les traces émersives des gestes du
corps vivant dans le cosmomorphisme de l'enseignant »,
Traces, vol. 3, Paris, Éditions du CNRS, 2015.
ANTISERI D., *La Vienne de Popper*, Paris, P.U.F, 2004.
ARTAUD A., *Les cahiers d'Ivry*, de février 1947 à mars 1948,
tome 1, Paris, Gallimard, 2011.
ARTIÈRES P., *Clinique de l'écriture. Une histoire du regard
médical sur l'écriture*, Paris, Les Empêcheurs de penser en
rond, 1998.
ASCH M., *Gestalt Psychology in German Culture, 1890-
1967. Holism and the Quest for Objectivity*, Cambridge
University Press, 1998.
AUSTIN J.L., *Quand dire c'est faire*, trad. fr. G. Lane, Paris,
Seuil, 1970.
BARBARAS R., *Le tournant de l'expérience. Recherches sur la
philosophie de Merleau-Ponty*, Paris, Vrin, 1998.
BARRON St., *Toucher l'espace. Poétique de l'art planétaire*,
Paris, L'Harmattan, 2006.

BATTISTA K., *Re-negotiating the body : feminist art in 1970's London*, Londres, I.B. Tauris, 2012.

BAYLEY R., « K. Popper as Educator », *Interchange*, Vol. 26/2, 1995.

BÉNÉZET M., *Le Roman de la langue*, Paris, 10/18, 1977.

BERGSON H., *Matière et mémoire*, Paris, P.U.F., 1896.

BERTHOZ A., *Le sens de la décision*, Paris, Odile Jacob, 1993.

—, JORLAND G. (dir.), *L'Empathie*, Paris, Odile Jacob, 2004.

BESOMBES N., LECH A., COLLARD L., « Corps et motricité dans les jeux vidéo », *Corps*, n° 14, 2016.

BEVKWITH C., FISHER A., *Painted bodies : african body painting, tatoos and scarifications*, New York, Rizzoli International, 2012.

BIRDWHISTELL R., *Introduction to Kinesics*, Louisville, University of Louisville Press, 1952.

BOSC J., *Le corps de la langue*, Paris, Éditions Quidam, 2016.

BOUKO C., BERNAS St. (dir.), *Corps et immersion*, Paris, L'Harmattan, 2011.

BOULLIER D., « Les industries de l'attention : Fidélisation, alerte ou immersion », *Réseaux*, n° 154/2, 2009.

BOYER A., « Schlick et Popper. Signification et vérité », *Les études philosophiques*, 3, n° 58, 2001.

– *Introduction à la lecture de Popper K.*, Paris, Presses de l'École normale supérieure, 1994.

BRADDOCK C., *Performing Contagious Bodies : Ritual Participation in Contemporary Art*, London, Palgrave Macmillan, 2012.

BREMONDY F., « La critique de Bergson par Ruyer est-elle justifiée ? » dans P. Gallois, G. Forzy (dir.), *Bergson et les neurosciences*, Les Empêcheurs de penser en rond, 1997.

BRIMFIELD M., FENTON M., O'REILLY S., WOOD J., *This Is Performance Art*, Londres, Black Dog Publishing, 2011.

BÜHLER K., *Théorie du langage*, trad. fr. Didier Samain, Agone, 2009.

BUISSON C., « *Immersive Theatre #2*. Ethnographie sonore du mouvement dansé : une écriture performative », Ethnographiques.org, n° 19, décembre 2009.

BUREL N., CORNUS S., ANDRIEU B., « Ce corps qui ne ment pas. Croisements méthodologiques des ressentis sur le vécu et du comportement *in situ* », dans N. Burel (dir.), *Corps et méthodologies*, Paris, L'Harmattan, 2016.

BUYTENDIJK F., PLESSNER H., « L'interprétation de l'expression mimique. Contribution à la théorie de la conscience de l'autre Je », dans F. Burgat, C. Sommer (dir.), *Le phénomène du vivant. Buytendijk et l'anthropologie philosophique*, Genève, MétisPress, 2016.

CANGUILHEM G., *La formation du concept de réflexe aux XVIIe et XVIIIe siècles*, Paris, Vrin, 1977.

CARDINAL M., *L'inédit*, Paris, Grasset, 2012.

CAVAILLÉ C., *Les jeux de langage chez Wittgenstein*, Paris, Éditions Demopolis, 2016.

CHAMOISEAU P., *La matière de l'absence*, Paris, Seuil, 2016.

CHURCHLAND P.-S., *Neurophilosophy. Toward a unified brain-mind science*, Cambridge, The MIT Press, 1999.

CLÉMENT M.-C., LANLAY F. de, « Voix, entre deux du corps et du langage », dans B. Golse, C. Bursztejn (dir.), *Dire : entre corps et langage. Autour de la clinique de l'enfance*, Paris, Masson, 1993.

CONDILLAC É., *Traité des sensations*, Paris, Fayard, 1984, chap. 6.

COSNIER J., VAYSSE J., « La fonction référentielle de la kinésique », *Revue Protée*, 1992-50 ; « Sémiotique des gestes communicatifs », *Nouveaux actes sémiotiques*, 52, 1997.

COUCHOT E., *La nature de l'art. Ce que les sciences cognitives nous révèlent sur le plaisir esthétique*, Paris, Hermann, 2012.

CRAWFORD M.B., *Contact*, trad. fr. M. Saint-Upéry, Ch. Jaquet, Paris, La Découverte, 2016.

DA SILVA-CHARRAK C., *Merleau-Ponty, le corps et le sens*, Paris, P.U.F., 2005.

DA NOBREGA P., *Corporeidades. Inspiraçoes Merleau-Pontianas*, Natal, IFRN, 2016.

DARWIN C., *L'expression des émotions chez l'homme et les animaux*, Paris, Rivages, 2001.

DASEN V., WILGAUX J. (dir.), *Langages et métaphores du corps dans le monde*, Rennes, Presses Universitaires de Rennes, 2008.

DAVALLON J., GRANDMONT G., SCHIELE B., *L'environnement entre au musée*, Lyon, Presses Universitaires de Lyon, 1992.

DAVIDSON A., « Contexte et approches historiques », *Bains numériques 1*, Centre des Arts d'Enghien les Bains, 2005.

DAVIDSON D., *Actions et Événements*, trad. fr. P. Engel, Paris, P.U.F., 1993.

DELEUZE G., DELEUZE F., préface à D.H. Lawrence, *Apocalypse*, Paris, Balland, 1978.

DENNETT D., *La conscience expliquée*, trad. fr. P. Engel, Paris, Odile Jacob, 1993.

DEPRAZ N., *Attention et Vigilance*, Paris, P.U.F., 2014.

—, DESMIDT T., « Cardiophénoménologie », « La naturalisation de la phénoménologie vingt ans après », *Les Cahiers Philosophiques de Strasbourg*, 38, 2015.

—, VARELA F., VERMESC P., *À l'épreuve de l'expérience. Pour une pratique phénoménologique*, Bucarest, Zeta Books, 2011.

DEWEY J., « L'éducation, fonction sociale », *Démocratie et Éducation*, Paris, Armand Colin, 2011.

– « L'être vivant et les « choses éthérées », *L'art comme expérience*, Œuvres Philosophiques, tome II, Pau/Paris, PUP/Farrago/Éditions Léo Scheer, 2003.

DI CROSTA M., *Entre cinéma et jeux vidéo : l'interface-film. Meta-narration et interactivité*, Bruxelles, de Boeck, 2009.

DIBI-HUBERMAN G., *Images malgré tout*, Paris, Minuit, 2003.

– *Quelle émotion ! Quelle émotion ?*, Paris, Bayard, 2013.

– *Sortir du noir*, Paris, Minuit, 2015.

DOLTO F., *Tout est langage*, Paris, Folio-Gallimard, 1994.

DRIESCH H., *Philosophie de l'organisme*, Paris, Rivère, 1921.

DUIÇU D., *Phénoménologie du mouvement. Patocka et l'héritage de la physique aristotélicienne*, Paris, Hermann, 2014.

DUMAS G., *Le sourire*, Paris, Alcan, 1909.

EKMAN P., FRIESEN W. V., *Unmasking the face. A guide to recognizing emotions from facial clues*, Englewood Cliffs, Prentice-Hall, 1975.

ESCHBACH A. (ed.), *Karl Bühler's theory of language*, Amsterdam, Benjamins, 1988.

FARGE A., *Effusion et tourment, Le récit des corps. Histoire du peuple au xvii e siècle*, Paris, Odile Jacob, 2007.

– *Le bracelet de parchemin. L'écrit sur soi au XVIIIᵉ siècle*, Paris, Bayard, 2003.

FARMON J., *Mobile interface theory : embodied space and locative media*, Londres, Routledge, 2012.

FAST J., *Le langage du corps ? Décodez ces petits gestes qui vous trahissent*, Québec, Éditions de L'homme, 1991.

FEIGL H., « Reduction of Psychology to Neurophysiology ? », symposium *The American Association for the Advancement of Science*, Section L, Université de Pittsburg, Denver, 29 Décembre 1961.

– « The Mind-Body Problem in the Development of Logical Empiricism », *Revue internationale de philosophie*, vol. 4, n° 11, 1950-83.

– *Crucial Issues of Mind-Body Monism (Outline)*, Los Angeles Conference, 18-22 mars 1966.

– *Le mental et le physique*, Paris, L'Harmattan, 2002.

– *The Compleat Autocerebroscopist*, 5 avril 1954 (Inédit).

– *The Mind-Body Problem in the Development of Logical Empiricism* (Inédit).

FELMAN S., *Le scandale du corps parlant. Don Juan avec Austin ou la séduction en deux langues*, Paris, Seuil, 1980.

FÉRAL J. (dir.), *Pratiques performatives. Body Remix*, Rennes, Presses universitaires de Rennes, 2012.

FERRET S., *Le philosophe et son scalpel. Le problème de l'identité personnelle*, Paris, Minuit, 1993 ; *L'identité*, Corpus Flammarion, 1998.

FINGER S., *Origins of neuroscience. A History of explorations into Brain Function*, Oxford, Oxford University Press, 1994.

FONTANILLE J., *Corps et Sens*, Paris, P.U.F., 2011.

– *Soma et séma*, Éditions Maisonneuve, 2004.

FRANZ S.I., LASHLEY K.S., « The retention of habits by the rat after destruction of the frontal portion of the cerebrum », *Psychobiology*, Vol. 1(1), juillet 1917.

FREID M., *Absorption and theatreality*, cité par H. Tereza, « Do you want to be absorbed ? », *in* C. Birdsall, A. Enns (dir.), *Sonic mediations. Body, sound, technology*, Cambridge, Cambridge University Press, 2008.

GAUCHET M., *L'inconscient cérébral*, Paris, Seuil, 1992.

GIGLIOTTI A., « Vécus ancestraux et vie fœtale en psycho-somatique MICROPSYCHANALYTIQUE. Analogie avec un rite africain », dans D. Lisek (dir.), *Les maux du corps sur le divan. Perspective psychanalytique*, Paris, L'Harmattan, 2015.

GORI R., *Le corps et le signe dans l'acte de parole*, Paris, Dunod, 1978.

GRANT J.A., COURTEMANCHE J., DUERDEN E. G., DUNCAN G. H., RAINVILLE P., « Cortical thickness and pain sensitivity in zen meditators », *Emotion*, février 10 (1), 2010, 43.

GRAU O., *Virtual Art. From illusion to Immersion*, Cambridge, The MIT Press, 2003.

GRAZIANI R., *Les corps dans le taoïsme ancien*, Paris, Les Belles Lettres, 2011.

GRISON B., *Bien être et être bien. Les techniques de conscience du corps entre Orient et Occident*, Paris, L'Harmattan, 2013.

GUIGNARD Ch., KELLER P., « Electroscape 002 », dans S. Lamunière, *L'image habitable*, Paris, Les Presses du Réel, 2003.

HALPRIN A., *Mouvements de vie*, trad. fr. E. Argaud, D. Luccioni, Bruxelles, Éditions Contre danse, 2009.

HANSEN M. B., *Bodies in code. Interface with digital media*, Londres, Routledge, 2006.

HAYLES J. K., « Embodied virtuality : or how to put bodies back into the picture », *in* M. A. Moser, D. Meleod (eds), *Immersed in Technology Art and Virtual Environment*, Cambridge, The MIT Press, 1996.

HEIM M., « The Design of Virtual Reality », *in* M. Featherstone *et al.*, *Cyberspace, Cyberbodies, Cyberpunk*, Londres, Sage Publications, 1996.

HOCHBERG L.R. *et al.*, « Reach and grasp by people with tetraplegia using a neurally controlled robotic arm », *Nature*, 485.

HOUDÉ O., MAZOYER B., TZOURIO-MAZOYER N., « La naissance d'une nouvelle discipline : l'imagerie cérébrale fonctionnelle », *Cerveau et psychologie. Introduction à l'imagerie cérébrale anatomique et fonctionnelle*, Paris, P.U.F., 2002.

HUSSERL E., *La phénoménologie et les fondements des sciences, tome 3, Idées directrices pour une phénoménologie*, trad. fr. D. Tiffaneau, Paris, P.U.F., 1993.

JAMES W., « What's an emotion ? », *Mind*, 9, 1884.

– *L'expérience de l'activité*, dans *Essais d'empirisme radical*, trad. fr. G. Garetta, M. Girel, Paris, Garnier Flammarion, 2007.

– *Précis de Psychologie*, Paris, Alcan, 1919.

JANKÉLÉVITCH V., *La musique et l'ineffable*, Paris, Seuil, 1983.

JARDINE A., *Gynesis. Configurations de la femme et de la modernité*, Paris, P.U.F., 1983.

JEANNEROD M., *La Nature de l'esprit*, Paris, Odile Jacob, 2002.

– *Le cerveau intime*, Paris, Odile Jacob, 2002.

—, HECAEN H., *Adaptation et restauration des fonctions nerveuses*, Villeurbanne, Simep, 1979.

JORIS E., « Des environnements immersifs pour un nouveau cadre scénique », *CECN*, n° 7, 2007.

KABAT-ZINN J., *Au cœur de la tourmente, la pleine conscience*, Paris, Flammarion, 2015.

KARLI P., *Le cerveau et la liberté*, Paris, Odile Jacob, 1995.

KERINSKA N., « Je est un autre : projections identitaires dans les mondes de réalités virtuelles », dans F. Dervin, Y. Atbas, *Technologie numérique du soi et (co)constructions identitaires*, Paris, L'Harmattan, 2009.

KOCH C., *Consciousness. Confessions of a romantic reductionist*, Cambridge, The MIT Press, 2012.

KÖHLER W., *Die physischen Gestalten in Ruhe und im stationären Zustand*, Berlin, Braunschweig, 1911.

– *Psychologie de la forme. Introduction à de nouveaux concepts en psychologie*, Paris, Folio Gallimard, 1964.

LAHUERTA C., « Quand le corps parle, les mots de l'art », dans M. Laforcade, V. Meyer, *Les usagers évaluateurs*, Bordeaux, Les Éditions Hospitalières, 2008.

LANTERI-LAURA G., *Histoire de la phrénologie. L'homme et son cerveau selon F.J. Gall*, Paris, P.U.F., 1994.

LASHLEY K.S., *Brain Mechanisms and Intelligence*, Chicago, University of Chicago, 1929.

LAUGIER S., « Moritz Schlick : un tournant de la philosophie ? », *Les Études philosophiques*, n° 3, 2001.

LE DOUARIN N., *Des chimères, des clones et des gènes*, Paris, Odile Jacob, 2000.

LEGENDRE A., DURING B., « Neigong et WaiGong ou comment se réaliser dans les pratiques des arts martiaux chinois », *Corps*, n°14, *Quels corps demain ?*, Paris, CNRS, 2016.

LEMAN M., « Corporeal Articulate and Intentionality », *Embodied Music Cognition and Mediation Technology*, Cambridge, The MIT Press, 2008.

LIVET P., « Pour une phénoménologie de ce que la conscience néglige et que l'approche naturaliste détecte », *Les cahiers philosophiques de Strasbourg*, n° 38, « La naturalisation de la phénoménologie vingt ans après », Strasbourg, Presses Universitaires de Strasbourg, 2015.

LUCIANI I., « Expériences du corps, récits de soi, constructions du savoir », *Rives méditerranéennes*, 2013/1, n° 44.

LUPU F., « Données sur l'identification d'une femme Tin dama », dans D. Champault, J. Jamin (dir.), *Côté femmes. Approches ethnologiques*, Paris, L'Harmattan, 1986.

LUTZ A., BREFCZYNSKI-LEWIS J., JOHNSTONE T., DAVIDSON R. J., « Regulation of the neural circuitry of emotion by compassion meditation : effects of meditative expertise », *Plos One*, 26 mars 2008.

MAGNAN A., DUVAT V., *Ces îles qui pourraient disparaître*, Paris, Éditions Le Pommier, 2012.

MAKARUIS M., *Une histoire du flou. Aux frontières du visible*, Paris, Éditions du Félin, 2016.

MARIAN A., « L'immersion sensible en exposition. Sensations urbaines. Une approche différente à l'urbanisme au Centre Canadien d'Architecture », *Material Culture Review*, n° 27, 2008.

MARINOPOULOS S., *Le corps bavard. À notre insu, notre corps s'exprime*, Paris, Marabout, 2007.

MARTIN E., *The woman in the body*, Boston, Beacon Press, 1987.

MERLEAU-PONTY M., *La structure du comportement*, Paris, P.U.F, 1942.

– *La Nature. Notes. Cours du collège de France*, Paris, Seuil, D. Séglard (dir.), 1995.

– *Le monde sensible et le monde de l'expression*, Cours du collège de France, Notes, MétisPress, 2011.

– *Phénoménologie de la perception*, Paris, Gallimard, 1945.

MESLET L., *Le psychisme et la vie. La philosophie de la nature de Raymond Ruyer*, Paris, L'Harmattan, 2005.

MESSINGER J., *Les gestes prédictifs*, Paris, Éditions Pocket, 2007.

– *Ces gestes qui vous séduisent*, Paris, Éditions Pocket, 2004.

– *Le dico illustré des gestes*, Paris, Flammarion, 2009.

MEURET I., *L'anorexie créatrice*, Paris Klincksieck, 2006.

MICHAUD Y., « La révolution musicale », dans *Ibiza mon amour : Enquête sur l'industrialisation du plaisir*, Paris, Éditions Nil, 2012.

MILLER A., *Notre corps ne ment jamais*, Paris, Flammarion, 2004.

MILLET C., *Le corps exposé*, Paris, Éditions Cécile Defaut, 2011.

MORANGE M., *La part des gènes*, Paris, Odile Jacob, 1998.

NANCY J. L., « Entretien avec Bernard Andrieu », *Corps et sciences sociales, Corps de cinéma*, n° 9, Paris, CNRS Éditions, 2011 ; et l'entretien à *Télérama*, 11 juillet 2012.

NICOLAS S., FERRAND L., *Histoire de la psychologie scientifique*, Bruxelles, Éditions de Boeck, 2008.

NOÉ A., « Enacting content », *Action in Perception*, Cambridge, The MIT Press, 2004.

NOËL B., *Le lieu des signes*, Paris, Jean-Jacques Pauvert, 1971.

NOURY M., *L'art à l'ère des biotechnologies. La question du vivant dans l'art transgénétique d'Edourdo Kac*, Paris, Éditions Le Manuscrit, 2007.

NOYER J.-M., « Les espaces immersifs : le plissement numérique du monde, anthropocène et immunopolitique », *Environnements immersifs : nouvelles formes et mutations de l'information et de la communication*, Entretiens scientifiques Neptune, Toulon, mardi 17 avril 2012.

OUDSHOORN N., « On the making of sex hormones : Research Materials and the production of knowledge », *Social Studies of Sciences*, 1990.

– « Au sujet du corps, des techniques et des femmes », dans D. Gardey, I. Lowy (dir.), *L'invention du naturel*, Paris, Éditions de l'EHESS, 2000.

PARLEBAS P., « La motricité ludosportive. Psychomotricité et sociomotricité », dans P. Arnaud, G. Broyer, *La psychopédagogie des activités physiques et sportives*, Toulouse, Éditions Privat, 1985.

– « Les tactiques du corps », dans *Approches de la culture matérielle. Corps à corps avec l'objet*, M.-P. Julien, J.-P. Warnier (dir.), Paris, L'Harmattan, 1999.

— (dir.), *Le corps et le langage. Parcours accidentés*, Paris, L'Harmattan, 1999.

PEASE A., *Le langage du corps*, Paris, Nathan, 1988.

PERERA E., ROUANET S., DE LÉSEULEC E., « Comprendre par corps le phénomène étudié ? Stratégies d'immersion dans un groupe de body-builder », dans B. ANDRIEU, *Le corps du chercheur. Une méthodologie immersive*, Presses Universitaires de Nancy, 2011.

PERRIER F., *Les corps malades du signifiant. Le corporel et l'Analytique*, séminaire 1971/72, Paris, Inter-Éditions, 1984.

PETIT J.-L., « Conscience protentionnelle et mécanismes de l'anticipation », dans A. Berthoz, C. Debru (dir.), *Anticipation et prédiction. Du geste au voyage mental*, Paris, Odile Jacob, 2015.

PETITMENGIN C., « Describing the experience of describing ? The blind spot of introspection », *Journal of Consciousness Studies*, 18, n° 1, 2011.

– « La dynamique pré-réfléchie de l'expérience vécue », *Alter - Revue de Phénoménologie*, 18, 2010.

—, BITBOL M., « The Validity of First-Person Descriptions as Authenticity and Coherence », *Journal of Consciousness Studies*, 16, 11-12, 2009.

PILLON T., *Le corps à l'ouvrage*, Paris, Stock, 2012.

PLÉH C., *K. Popper's Biological Views, Contemporary Cognitive Science and Psychology*, Szeged, Université de Szeged, 2004.

POISSANT L., BOURASSA R. (dir.), *Personnage virtuel et corps performatif. Effets de présence*, Québec, Presses de l'Université du Québec, 2013.

POLLAK M., *L'expérience concentrationnaire. Essai sur le maintien de l'identité sociale*, Paris, A.-M. Métailié, 1990.

POPPER K., *La quête inachevée*, Paris, Press Pocket, 1989.

– « Über die Stellung des Lehrers zu Schule und Schueler », *Schulreform*, 4 (4), 1925.

– « Replies to my Critics », *in* P.A. Schilpp (ed.), *The Philosophy of Popper*, La Salle, Open Court, Vol. II, 1974

– *De la question de la méthode en psychologie de la pensée*, Lausanne, Éditions L'âge d'Homme, 2011.

POURTAU L., « La transe techno », *Techno. Voyage au cœur des nouvelles communautés festives*, Paris, Éditions du CNRS., 2009.

PRADIER J.-M. (dir.), *La croyance et le corps*, Presses Universitaires de Bordeaux, 2016.

PRIGENT C., *Compile*, Paris, P.O.L., 2011.

PROCHASSON C., « L'histoire à la première personne », dans *L'empire des émotions. Les historiens dans la mêlée*, Paris, Éditions Démopolis, 2008.

PUIG DE LA BELLACASA M., « Technologie touchantes, visions touchantes. La récupération de l'expérience sensorielle et la politique de la pensée spéculatives », dans E. Dorlin, E. Rodriguez (dir.), *Penser avec Donna Haraway*, Actuel Marx, Paris, P.U.F., 2012.

RIEUSSET-LEMARIÉ I., « A la recherche du corps perdu. Au-delà des malentendus, le dialogue privilégié entre danse et arts numériques », *Bains numériques 1*, Centre des Arts d'Enghien les Bains, 2005.

RIOUX C., *Ados : scarifications et guérison par l'écriture*, Paris, Odile Jacob, 2013.

RISER P., « Du corps augmenté au corps réseau », *CECN*, n° 8, 2008.

RIZZOLATTI G., SINIGAGLAI C., *Les neurones miroirs*, Paris, Odile Jacob, 2008.

ROMAN M., « L'expérience du corps », *Art vidéo et mise en scène de soi*, Paris, L'Harmattan, 2008.

ROSSET C., *L'invisible*, Paris, Minuit, 2012.

RUSSEGER G., « Immersive medien-kultur in hybriden umwelten », dans E. Gaugele, P. Eisele (dir.), *Techno Naturen. Design & Style*, Éditions Schlebrügge, 2008.

RUYER R., *Néo-finalisme*, Paris, P.U.F., 1952.

– « Behavorisme et dualisme », *Bulletin de la Société Française de Philosophie*, 51e année, n° 1, 1957.

– « La connaissance comme fait physique », *Revue philosophique*, CXIV, 1932.

– « La psychobiologie et la science » *Dialectica*, vol. 13, n°2-15.6, 1959.

– « Le domaine naturel du trans-spatial », *Bulletin de la Société Française de Philosophie*, 42ᵉ année, n° 4-5, 1948.

– « Le problème de la personnalité et la physique moderne », *Revue de Synthèse*, I, 1931-87.

– « Les postulats du Sélectionnisme », *Revue Philosophique*, n° 3, 1956, note 2.

– « Les sensations sont-elles dans notre tête », *Journal de Psychologie*, 1934.

– « Nature du psychisme », *Revue de Métaphysique et de Morale*, 57ᵉ année, n° 1, 46-66, 1952.

– « Sur une illusion dans les théories philosophiques de l'étendue », *Revue métaphysique*, tome XXXIX, n° 4, 1932.

– *Éléments de psycho-biologie.* Paris, P.U.F., 1946.

– *Esquisse d'une philosophie de la structure*, Paris, Alcan, 1930.

– *La conscience et le corps*, Paris, P.U.F., 1937.

– *La cybernétique et l'origine de l'information*, Paris, Flammarion, 1954.

SADIN E., « Mon retour au théâtre », *Patch*, n° 12, 2010.

– « Pratiques poétiques complexes et nouvelles technologies : la création d'un genre d'écriture », *éc/arts*, n° 2, 2000.

SAINT-AUBERT E. DE, *Être et Chair. Du corps au désir. L'habilitation ontologique de la chair*, Paris, Vrin, 2013.

SATOMI M., SEYMOUR S., « Designing our extended body », dans C. Sommerer, L. Mignonneau, D. King (eds), *Interface cultures – artistic aspects of interaction*, Verlag Bielefeld, 2008.

SCHAEFFER J.-M., « Remarques sur la fiction », dans B. Guelton (dir.), *Les arts visuels, le web et la fiction*, Presses de l'Université Paris Sorbonne, 2009.

SCHLICK M., *Théorie générale de la connaissance*, Paris, Gallimard, 2009.

SCHOTT-BILLMAN F., « La mémoire du corps », *Le besoin de danser*, Paris, Odile Jacob, 2001.

« Le balancement », *La danse qui guérit*, Éditions La Recherche en danse, chap. 8, 1994.

SCHRODER K.A., MOSER W. (dir.), *Body as Protest*, Berlin, Hatje Cantz Verlag, 2012.

SCHROEDER R., « Avatar bodies and virtual spaces », *Being there together. Social Interaction in Virtual environments*, Oxford University Press, 2011.

SCUBLA L., *Raymond Ruyer et la classification des sciences*, dans L. Vax, J.-J. Wunenberger (dir.), *Raymond Ruyer, de la science à la théologie*, Paris, Éditions Kimé, 1995.

SEMPRUN J., *Exercice de survie*, Paris, Gallimard, 2012.

SERBAN C., *Phénoménologie de la possibilité. Husserl et Heidegger*, Paris, P.U.F., 2016.

SIMONDON G., « Sciences de la nature et sciences de l'homme », dans *Sur la philosophie, 1950-1980*, Paris, P.U.F., 2016.

SLAGTER H. A. *et al.*, « Mental training affects distribution of limited brain resources », *PLoS Biology*, Jun 5 (6), e138, 2007.

SLATER M., WILBUR S., « A framework for immersive virtual environments (FIVE) : Speculations on the role of presence in virtual environments », *Presence : Teleoperators and Virtual Environments*, 6 (6), 1997.

SMITH M., « The vulnerate articulate : James Gillingham, Aimée Mullins, Matthew Barney », *in* M. Smith, J. Morra (eds.), *The prosthetic impulse. From a posthuman present to a biocultural future*, Cambridge, The MIT Press, 2006.

SNAUWEART M., « Langage du corps : une extension métaphorique ? », dans J.-M. Devésa (dir.), *Le corps, la structure. Sémiotique et mise en scène*, Bordeaux, Éditions Pleine Page, 2004.

SOBIESZCZANSKI M., « Entre l'immersion dans l'image cinématographique et l'immersion totale », *Cahiers de Narratologie*, 2010, n° 19.

SORMA J., LAPIERRE E., *L'inhabitable*, Paris, Éditions Alternative, 2010, p. 25.

STRAUSS E., *Du sens des sens. Contribution à l'étude des fondements de la psychologie*, Paris, Million, 2000.

SUSSAN R., *Demain, les mondes virtuels*, Paris, Éditions Fyp, 2009.

THELY N., *Vu à la webcam (essai sur la web-intimité)*, Paris, Les Presses du Réel, 2002.

THURIES A., *L'apparition de la danse*, Paris, L'Harmattan, 2016.

TRAMUS M.H., BRET M., COUCHOT E., *La seconde interactivité*, in « Arte e vida no século XXI », Organizadora Diana Domongues, UNESP, Brasil, 2003.

TUBERT S., « Desordones del cuerpo. El retorno de lo excluido », *in* F. Valencia, M. Lopez, *Contar con el cuerpo. Construcciones de la identitad feminina*, Madrid, Editorial Fundamentos, 2011.

TURCHET P., *La synergologie. Pour comprendre son interlocuteur à travers sa gestuelle*, Paris, Éditions de l'Homme, 2000.

– *Le langage universel du corps*, Paris, Éditions de l'Homme, 2013.

VARELA F., « Neurophenomenology : a methodological remedy to the hard problem », *Journal of Consciousness Studies*, 3, 1996.

VAUDOISET D., *La chair de l'écriture. Petit traité de graphothérapie*, Aubenas, Éditions Le fil Invisible, 1999.

VAYER P., RONCIN C., *Le corps et les communications humaines*, Paris, Vigot, 1986.

VINET H., DELALANDE F., *Interfaces hommes-machines et créations musicales*, Paris, Éditions Hermès, 1999.

VITALI ROSATI M., *Corps et virtuel. Itinéraire à partir de Merleau Ponty*, Paris, L'Harmattan, 2009.

WAILLE F., *La méthode somatique expressive de François Delsarte*, Paris, Éditions L'entretemps, 2016.

WEIL P., TOMPAKOV R., *Votre corps parle. Comprendre son langage pour en maîtriser les attitudes*, Paris, Marabout, 1975.

WELLS H.G., *L'île du docteur Moreau*, Paris, Mercure de France, 1901.

WHITE M., *The body and the screen. Theorie of internet spectatorship*, Cambridge, The MIT Press, 2006.

WITTGENSTEIN L., *Le Cahier Bleu et le cahier brun*, trad. fr. G. Durand, Paris, Tell-Gallimard, 1965.

– *Études préparatoires à la 2ᵉ partie des Recherches Philosophiques*, trad. fr. G. Granel, Mauvezin, T.E.R., 1985, n° 49.

– *Les Cours de Cambridge, 1930-1932*, trad. fr. E. Rigal, Mauvezin, T.E.R., 1988.

– *Notes sur l'expérience privée et les « sense data »*, trad. fr. E. Rigal, Mauvezin, T.E.R., 1989, p. II.

– *Remarques sur la philosophie de la psychologie*, tome 1, trad. fr. G. Granel, T.E.R., 1989, n° 501.

– *Remarques sur les couleurs*, trad. fr. G. Granel, Paris, T.E.R., 1984, 2ᵉ éd., n° 43.

– *Tractatus logico-philosophicus*, Paris, Gallimard, 2001.

YOUNG G., WHITTY M., *Transcending taboos : a moral and psychological examination of cyberspace*, Londres, Routledge, 2012.

YU-TUNG L., L. CHOR-KHENG, *New tectonics. Toward a new theory of digital architecture*, Bâle, BirhaüserVerlag, 2009.

ZEIDAN F. *et al.*, « Mindfulness meditation-based pain relief employs different neural mechanisms than placebo and sham mindfulness meditation-induced analgesia », *Journal of Neuroscience*, nov 18, 35 (46), 15307-25, 2015.

ZYLINSKA J., *Bioethics in the age of new media*, Cambridge, The MIT Press, 2009.

ORIGINE DES TEXTES

Première partie : La grammaire du cerveau

Le premier chapitre : *Wittgenstein et la grammaire du cerveau*, présenté pour la première fois dans le cadre du séminaire « Corps humain-Neurosciences et génétique » au Collège International de Philosophie en 1994-1995. Il a été publié dans la revue *Philosophie*, n° 49, Paris, Minuit, mars 1996, p. 50-67.

Le chapitre II : *Karl Popper face aux physicalismes dans sa thèse de 1928* est inédit

Le chapitre III : *Identité empirique du cerveau-esprit. L'apport de Feigl à la phénoménologie neurocognitive* est une reprise du chapitre « Herbert Feigl, fondateur de la phénoménologie neurocognitive », publié dans B. Andrieu (dir.), *Herbert Feigl. De la physique au mental*, Paris, Vrin, 2006.

Le chapitre IV : *Le cerveau réflexif selon Raymond Ruyer* est inédit

Deuxième partie : Parler le corps

Le premier chapitre : *L'éveil capacitaire dans les neurosciences méditatives* est une reprise de l'article « En pleine conscience ? Au-delà de l'inconscient par les neurosciences méditatives et les sciences contemplatives », *L'Évolution psychiatrique*, 81, 2016.

Le chapitre II : *Parler le corps* est inédit

Le chapitre III : *L'art de s'émerser* est une reprise de l'article « L'art de s'émerser », *Figures de l'art, Arts immersifs. Dispositifs et expériences*, n° 26, Pau, Presses Universitaires de Pau et des pays de l'Adour, 2014.

TABLE DES MATIÈRES

Dépôt légal : août 2018
IMPRIMÉ EN FRANCE

Achevé d'imprimer le 24 août 2018
sur les presses de l'imprimerie «La Source d'Or»
63039 CLERMONT-FERRAND
Imprimeur n° 20533K

Dans le cadre de sa politique de développement durable,
La Source d'Or a été référencée IMPRIM'VERT®
par son organisme consulaire de tutelle.
Cet ouvrage est imprimé - pour l'intérieur - sur papier offset 80 g
provenant de la gestion durable des forêts,
produit par des papetiers dont les usines ont obtenu
les certifications environnementales ISO 14001 et E.M.A.S.